GNYANG

매거진
그냥

MAGAZINE GNYANG

MAGAZINE GNYANG

창간호

GNYANG

매거진
그냥

MAGAZINE GNYANG

01

여는 글

〈특집 기사〉
냥포터 찐빵, '그 고양이'를 만나다!

Page. 6

02

01. 망고네 다락방
고양이 장난감   26

02. 생명력 가득한 집
고양이와 식물   50

03. 고양이 전문 미용사도 그냥 집사
고양이 미용   74

04. 카페에 모인 사연 많은 고양이들
고양이 카페   96

05. 신비한 고양이 잡화점
고양이 잡화점   114

06. 고양이 병원
고양이 병원   138

03

**보니와 코코의
터널 너머 특별한 모험**

보니코 월드   154

여는 글

GNYANG NEWS
Today

⟨특집 기사⟩

냥포터 찐빵,
'그 고양이'를 만나다!

올해 3살이 된 나 찐빵은 기자가 되었다. 세상에
나 말고 또 다른 고양이들은 어떻게 ...
졌다. 그래 ...

다양한 고양이들이 있다.
... 끼 나는 무척 궁금해 ...
고양이들을 조사했다.
... 야들, 특별한 세상
... '그 고양이'들 말이 ...
... 을 채워줄 나의 영
... 메이트 집사와 함
... 고양이들을 만 ...

PROFILE

이름	찐빵
나이	3살
성별	♀
취미	창밖 보기
좋아하는 것	공놀이

"집사는
소중한 캔 따개."

찐 빵

▶ studioGNYANG
◉ majjinbbang

↳ 호기심이 관심으로 ▽

집사의 지인 집에 방문했던 때를 잊을 수 없다. 그 고양이는 항상 동네를 돌아다니며 혼자 생활하던 길냥이였는데, 집사 지인은 매일 그 고양이에게 밥을 챙겨주었다. 처음에는 경계심이 많아서 쉽게 가까워지지 않았지만, 집사 지인은 인내심을 가지고 계속해서 따뜻한 관심을 주었다고 한다.

어느 날, 그 길냥이가 지인의 다가오는 손길을 받아들이더니, 집 마당으로 들어와 따뜻한 담요 위에서 쉬기 시작했다. 호기심이라면 어떤 고양이보다도 더 많은 나는 그 과정을 모두 지켜보았다. 길고양이가 누군가를 신뢰하게 되기까지 얼마나 많은 시간이 걸리고, 마음을 여는 게 얼마나 큰 결심인지 알기에 감동과 뭉클함은 이루 말할 수 없었다. 그 고양이는 지금 마당냥이가 되었다.

세상의 고양이들은 어떤 사연을 가지고 있을까, 어떻게 집사와 만나게 되었을까, 집사는 무슨 마음으로 고양이를 키울까… 등등의 호기심과 궁금증을 가지고 세상의 고양이를 만나는 길을 떠나보자.

↳ 이런 것이 궁금해요. ▽

　길고양이로서의 삶이 얼마나 힘들었는지, 그리고 집사와의 만남이 어떻게 그의 인생을 바꿨는지에 대한 것이 먼저 궁금하다. 더 나아가, 다른 길고양이 친구들에게 전하고 싶은 말을 듣고, 그들에게 어려운 시기를 이길 수 있는 희망의 메시지로 전달하고 싶다.

　"어떻게 사람과의 신뢰를 쌓고, 함께 행복한 삶을 만들어갈 수 있을까요?"라는 질문에 대한 답변은 모든 세상의 고양이에게 꼭 듣고 싶은 이야기이다. 모두 같아 보이지만 사실 모두 다르고 독특한 개성도 지니고 있는 것이 고양이라는 것을 알기에 이 질문은 꼭 필요하다. 나도, 집사 지인의 고양이도 그 과정을 통해 집사와 특별한 유대감을 형성했고, 나와 그의 삶이 크게 달라지지 않았는가.

나는 호기심이 타고난 고양이다. 낯선 사람이 집에 방문하면 구석이나 소파 뒤에 숨긴 하지만 내다보며 그 사람을 관찰한다. 그들은 내가 자기에게 관심을 가지는 것으로 오해해서 막 친한 척 하려고 하지만 나는 단지 타고난 호기심 때문에 낯가림을 참는 것일 뿐이다.

집사들과 다른 고양이들이 어디에서 무슨 재미있는 일을 하고 있는지 항상 궁금하다. 큰 이야기를 쫓는 스릴도 매력적이지만 독특한 공간에 사는 고양이의 마음과 진실을 밝히는 데에는 호기심이 더 강하게 작용한다.

특별한 고양이의 흥미로운 이야기를 찾고, 그것을 세상에 전하는 과정이 내게 큰 의미가 될 것이라고 기대한다.

↳ 고양이 기자의 자격 ▽

　고양이뿐 아니라 고양이 집사도 내게는 호기심의 대상이다. 그들을 관찰하다 보면 혼자 씩 웃게되는 때가 있는데, 바로 집사들이 '고양이 말을 알아듣는 척' 하는 순간이다. 우리가 "냐옹" 한 번 하면 집사들은 아주 다양한 해석을 내놓는다. "배고프니?", "놀고 싶니?", "졸리니?" 하면서 말이다. 사실 우리는 그냥 '거기 왜 서 있는 거야?'라고 생각했을 뿐이다. 그런 걸 볼 때마다 혼자 웃음이 난다.

집사들이 우연이라고 생각하는 모든 고양이의 행동은 결코 우연이 아니라는 것을 밝혀두고 싶다. 다른 친구들도 대부분 동의할 거라고 생각한다.

고양이는 집사들이 생각하는 것보다 훨씬 더 계획적이고 영리하다. 모든 행동에는 다 고양이만의 이유가 있고 그 결과에 대해 다양하게 생각하고 행동한다.

호기심과 민첩성은 고양이 기자의 중요한 무기이다. 고양이는 작은 소리나 미세한 변화도 놓치지 않는다. 작은 움직임, 미묘한 냄새도 바로 알아차린다. 특히 누군가가 감추려는 비밀은 고양이의 예리한 감각을 피할 수 없다.

민첩성은 예상치 못한 상황에서 빠르게 대응하는 데 중요한 역할을 한다. 중요한 순간에 반사적으로 움직여 더 큰 상황으로 연결되는 장면을 포착할 수 있다. 그래서 큰 사건이 발생하거나 숨겨진 비밀이 있을 때도, 누구보다 먼저 그곳에 도착해 취재를 시작할 수 있다.

진실은 언제나 고양이의 눈을 피할 수 없다!

높고 아늑한 장소에 쉽게 접근할 수 있는 것은 고양이 기자의 중요한 장점이다. 높은 자리에 있으면 전체적인 상황을 파악하기도 쉽고, 예기치 않은 순간을 빠르게 포착할 수 있다. 특히 책장 위나 창문턱 같은 곳에서 관찰하면, 아늑하게 몸을 말아 편안한 자세로 취재하면서도 예리한 시선을 유지할 수 있다.

 조명이 잘 들어오는 장소에 있으면 작은 움직임이나 중요한 순간을 절대 놓치지 않게 되니, 취재를 할 때도 효율적이다. 항상 좋은 조명과 아늑한 자리를 찾아다니며 최고의 취재를 준비하는 나의 취재 여행이 독자들에게 좋은 정보와 색다른 환경의 고양이를 알 수 있는 기회가 될 것이다.

↳ 고양이 기자의 덕목 ▽

　고양이는 본래 사적이고 독립적인 동물로 잘 알려져 있다. 기자로서 다른 고양이들의 사생활을 존중하는 것이 가장 중요하다고 생각한다. 우리가 고양이로서 서로의 경계를 존중하는 것처럼, 기사문에서도 정보를 전달하는 선을 지키는 것이 필요하다.

　우선, 고양이들이 나눠준 이야기나 행동이 그들의 허락 없이 과도하게 노출되지 않도록 주의한다. 예를 들어, 친구 고양이의 은밀한 낮잠 장소나 비밀스러운 간식 저장소 같은 부분은 이야기의 흐름에 필요하지 않다면 굳이 언급하지 않는다.

또한, 고양이들이 편안하게 느낄 수 있도록 인터뷰를 진행하는 방식도 중요하다. 너무 공격적이거나 개인적인 질문은 피하고, 그들의 경험과 지혜를 중심으로 이야기를 이끌어 나갈 것이다. 고양이 스스로 나누고 싶지 않은 부분은 존중하는 것이 기자로서의 책임이기에 최대한 존중한다.

↳ 취재의 비결 ▽

　호기심만으로 좋은 취재가 진행되는 것은 아니다. 아주 중요한 무기가 필요한 데 첫째는 충분한 수면이고, 둘째는 간식이다. 수면 시간을 조율하고 제대로 활용하는 것은 활기차고 창의적인 취재 활동을 위해 꼭 필요하다. 간식은 단순한 먹거리가 아니라, 영감과 에너지를 주는 연료이다.

　참치 간식은 내가 가장 추천하는 간식이다. 참치는 단백질이 풍부해서 에너지를 빠르게 보충할 수 있고, 그 맛이 고양이에게는 강한 동기 부여가 된다. 또한 집중력을 높이는 데에도 효과가 있다.
　닭고기 기반의 간식은 고단백 식품으로 집중력을 유지하고 장시간 작업할 때 체력을 보충해준다. 닭고기 간식을 먹으면 창의적인 아이디어가 더 쉽게 떠오르는 것 같다.

캣닢이 포함된 간식은 특별한 순간에 꼭 필요하다. 고양이들에게 유쾌한 기운을 주는 캣닢은 가끔씩 간식으로 섭취하면 기분 전환도 되고, 새로운 시각으로 문제를 바라보는 데 도움이 된다. 너무 자주 먹기보다는 특별한 영감이 필요할 때 먹는다.

중요한 것은 자신에게 맞는 간식을 찾는 것이다. 나는 취재 활동을 하면서 창의력과 집중력을 높여줄 맞춤 간식을 섭취하고 있다. 그것이 취재의 원동력이 되고 지치지 않는 비결이다.

↳ 편견 NO! 객관성 YES! ▽

　고양이 기자는 저널리즘의 진실성을 충분히 지킬 수 있다. 예리한 관찰력과 세심한 본능을 가지고 있기 때문에, 사실을 있는 그대로 전달하는 데에 훨씬 유리하다. 사실에 기반한 정보를 전달하는 것이 기자가 최우선으로 해야 할 일이다. 개인적인 감정이나 생각이 기사를 흐리게 하지 않도록 조심하고, 이야기를 다룰 때 객관적인 시선을 유지하려고 노력한다. 고양이 동료나 집사의 이야기를 취재할 때, 그들의 관점을 균형 있게 반영하고, 내가 느낀 감정을 기사에 드러내지 않으려고 노력한다.

　편견을 피하는 방법 중 하나는 여러 시각에서 대상을 바라보는 것이다. 호기심이 많은 고양이의 특성을 살리면, 가능한 한 많은 정보를 모으고 다양한 관점을 들어보는 것에 최선을 다할 수 있다. 편견 없이 진실을 전달하는 최상의 기자, 바로 고양이 리포터, 냥포터라고 할 수 있다.

카메라, 수첩, 그리고 중요한 간식 모두 배낭에 넣고…

자, 이제
세상의 '그 고양이'를
만나러 떠나볼까? 🐾

01 고양이 장난감

아기자기 사랑스러운

망고네 다락방

mango_darak

PROFILE

이름 망고
나이 2살 추정
성별 ♂
취미 집사 따라다니기
좋아하는 것 집사

먼저 다가오는 고양이 망고

사람을 반기는 고양이를 본 적이 있는가? 집에 들어서자마자 경계심은 던져두고 새로 온 사람들에게 다가오는 고양이 망고. 심지어 같이 놀자고까지 한다.

"안정된 주거 공간이자 작업실이 생기면서 꿈에 그리던 고양이를 입양할 수 있어서 좋았어요. 길고양이 보호소에서 입양할 수 있는 청소년기 고양이들의 사진을 받아보았어요. 유일하게 동영상을 받은 고양이가 망고였기 때문에 처음부터 더 정이 갔어요."

이름을 정할 때 단순하고 알아듣기 쉬운 것을 원했던 집사는 다양한 과일 이름 중에 사다리 타기를 통해 망고라는 이름을 선택했다. 그 이름과 고양이가 잘 어울린다.

"저는 고양이다운 고양이, 냉정하고 정 없는 고양이를 기대했어요. 망고는 처음부터 낯가림이 적고 하루 만에 집사를 좋아하더라고요. 제가 기대했던 고양이의 성격과 정반대여서 저도 하루 만에 망고의 매력에 빠졌어요. 임시로 보호하고 계시던 분들도 망고 보내는 것을 아쉬워할 만큼 망고는 정이 많은 고양이예요."

정을 주는 고양이, 그래서 더 사랑받는 고양이 망고.

01 고양이 장난감

　망고의 하루는 아빠를 배웅하는 것부터 시작한다. 집사를 졸졸 따라다니거나 창밖을 구경하고 집안 곳곳에 있는 고양이 전용 놀이터를 이용한다. 이 집은 여러 가구와 소품들이 망고 중심으로 되어 있다. 고양이와 사람이 함께 사용할 수 있는 가구도 있다. 책장과 캣타워가 결합된 형태이다. 공간 활용에도 좋고 창밖 풍경 감상을 좋아하는 망고에게도 좋다.

　"우리 세 식구 중에서 망고가 집에서 보내는 시간이 가장 많아요. 혼자 있을 때 너무 외롭지 않게 하려고 망고를 위한 것들로 꾸미다 보니 이렇게 되었네요."

엄마 집사와의 시간을 제대로 즐기는 것에는 고양이 장난감 제작자인 집사의 직업도 한몫 한다. 반짝이는 장난감이나 포근한 양모 재질의 장난감. 망고는 집사가 만들어 준 장난감을 유난히 즐긴다. 매일 사냥놀이를 하며 상호 교감을 쌓는 것은 기본이고, 장난감 만들기에 집중하고 있는 집사에게 다가와 다양하게 참견한다. 망고의 모든 촉각은 집사에게 집중되어 있다.

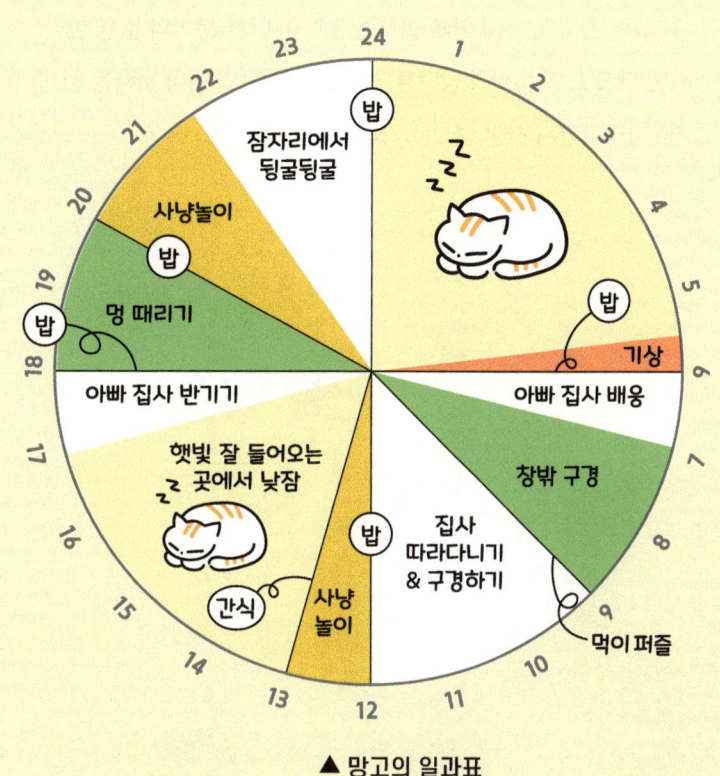

▲ 망고의 일과표

01 고양이 장난감

장난감 메이커 집사

 일러스트레이터 엄마 집사가 고양이 장난감을 만들기 시작한 것은 망고와 함께하면서부터다. 집에 걸린 그림 중에는 아빠 집사가 그린 것도 있는데 아빠 집사는 완전히 다른 분야의 일을 한다. 그런데도 그림 솜씨가 남다른 것을 보니 망고의 엄마 아빠는 천생연분, 망고까지 사랑 넘치는 가족의 완전체이다.

▲ 아빠 집사 작품
엄마 집사 작품 ▶

"제작을 할 때나 제작 후에 망고의 반응이 좋아서 새로운 장난감을 계속 만들어주고 싶어요. 망고와의 삶에서 얻는 영감으로 디자인을 구상하고 직접 바느질해서 만들어요. 재료도 망고가 좋아할 것으로 골라요. 식물을 많이 기르고 싶지만 고양이에게 좋지 않은 것들도 많아서 망설여져요. 그래서 화분 모양의 사냥놀이 장난감을 많이 만들어요. 그런데 다른 집사님들은 오징어로 아시더라고요. 고양이들도 그렇게 생각하고 사냥놀이를 하는 것일까요?"

망고는 화분 모양의 장난감으로 하는 사냥놀이를 즐거워한다. 망고 눈에는 물고기로 보일 수도 있다. 식물을 가까이하기를 바라는 작가 집사의 바람이 통한 것이지 않을까.

01　고양이 장난감

　집사와 함께하는 사냥놀이는 친밀감을 쌓는 중요한 활동이고 망고에게는 소중한 기억이 될 거라고 믿는다.
　망고는 만들어진 장난감의 첫 테스트 고양이이자 고객이다. 물어뜯거나 뛰어다니며 내구성을 검증하는 중요한 역할을 하며 놀이에 몰입하는 정도를 보면서 다른 고양이도 좋아할 것인지를 확인한다.
　계속 엄마에게만 집중하는 망고는 장난감 제작 과정에서도 어김없이 다양한 방식으로 방해하지만 작가 집사는 그런 망고조차도 귀엽게 여긴다.

"망고는 무엇이든 반응이 좋은 편이라 사실 다른 고양이들도 좋아할까 늘 고민이에요. 그렇지만 다른 고양이도 좋아하며 잘 노는 것을 보게 되면 무척 신기하고 보람도 느낍니다. 같은 제품을 여러 개 만드는 것보다 처음 디자인을 구상하고 첫 샘플을 만들었을 때가 가장 즐거운 순간이에요. 대량으로 만들면 그 기쁨은 사라질 것 같아요."

〈앵무새〉
〈화분〉
〈해파리〉

◀ **망고네 다락방 장난감들**
화분, 해파리 그리고 앵무새를 모티브로 만들었다.

 고양이 장난감 가격은 이렇게 수작업을 하면 시급도 안 나오는 수준으로 형성되어 있다. 그래도 망고 집사는 장난감의 대량 생산은 고려하지 않는다. 직접 하나하나 손으로 만드는 제품인 만큼 시간과 정성을 쏟아야 하는 것은 어려움이긴 하다. 또한, 제작 기간이 길어지는 동안 여러 가지 어려움 때문에 겪는 과정과 수없이 많은 고민을 해결해야 하는 것은 자기 자신과의 싸움의 과정이기도 하다. 그럴 때마다 오히려 단순하게 하나씩 정리하고 생각하려고 노력하지만 완벽하게 극복하지는 못했다는 작가님이다.

 "화분을 좀 더 화분같이 보이도록 디자인 구상을 고민 중이에요. 많이 부족하다고 생각했는데 의외로 다른 고양이들이 좋아하더라고요. 박람회나 SNS를 통한 홍보로 인지도가 조금씩 쌓이는 것 같아요. 우리 망고가 좋아하는 아이템을 다른 고양이들에게도 많이 보급하면 좋겠어요."

고양이와 장난감

호기심이 많은 망고는 새로운 장난감 작품을 접한다면 조심스럽게 냄새를 먼저 맡는다. 그리고는 금방 친밀하게 가지고 논다. 그런 망고의 반응이 작가 집사에게 동기유발이 되고 활력이 된다.

작업실에서 고양이와 함께 살아가려면 끊임없이 참견하는 망고의 방해를 이겨내야 한다. 그러나 그런 망고를 보면서 하는 작업이기에 작가이자 망고 집사에게는 기쁨이다.

01 고양이 장난감

"장난감의 아이디어는 고양이와 연관된 사물을 상상하면서 얻고 있어요. 예를 들어 아이스크림을 먹다가 아이스크림 모양 장난감을 고양이가 가지고 노는 모습을 떠올려 본 후 귀엽겠다 싶으면 바로 스케치를 하지요. 더 중요한 것은 기존에 없는 새로운 디자인인지를 검토하는 거예요.

시제품 완성 후, 물어 뜯어도 오래 버티는지, 잘 뜯기는 부분은 없는지 내구성을 첫 번째로 망고에게 테스트한 후, 지인 분이 키우고 있는 고양이들에게 테스트를 부탁해요. 반응은 어떤지, 낚싯대에 걸었을 때 무겁진 않은지 등의 피드백을 받아요. 그리고 제가 느꼈을 때 괜찮다 싶을 때까지 반복해요."

01 고양이 장난감

 가벼워 보여도 고양이 장난감이 주는 무게감은 집사들의 손목 관절에 무리를 줄 수 있기 때문에 무게감의 차이는 가장 예민한 부분이라고 한다. 괜찮다고 느낄 때까지 반복되는 그 작업에 항상 함께하는 고양이가 망고다. 어쩌면 망고의 참견은 고양이가 좋아하고 집사에게 편한 장난감을 제작하는 일에 꼭 필요한 동반자의 자세일 수 있다.

"장난감 재료는 양모와 텐셀 소재의 친환경 펠트지를 사용하고 있어요. 고양이들이 양모 소재를 좋아하기도 하고 펠트지만의 포근한 촉감과 색감도 좋아서요.
 처음에 장난감에서 본드로 고정된 부분을 망고가 삼킬 위험이 있는 걸 보게 되었어요. 그래서 본드는 전혀 사용하지 않고 손바느질로 최대한 튼튼하게 고정하고 있어요."

01 고양이 장난감

고양이 장난감 제작자는 역시 고양이 집사 고객의 의견을 듣는 것이 가장 중요하다고 생각한다. 제품을 사용하려는 고양이의 취향, 성격 등을 듣고 최대한 만족할 수 있는 제품을 만들려고 노력한다. 처음에는 '좋은 건 다 넣어야지' 하는 마음으로 낚싯대 리필을 만들었는데, 테스트해 본 지인이 무거워서 집사가 조절하기 힘들다는 의견을 주었던 기억이 있다.

"정말 다양한 취향들이 있는 만큼 피드백도 다양해서 그 많은 피드백을 전부 다 반영할 수는 없는 게 현실입니다. 한 제품에 모든 피드백을 반영하기보다는 공통점을 연결하여 취향별로 여러 가지 카테고리의 제품 군을 만들려고 합니다."

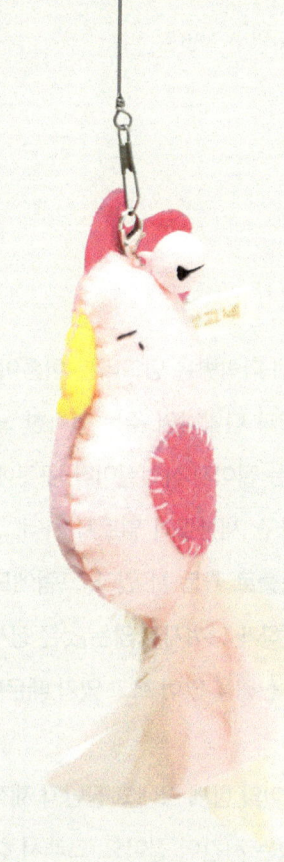

01 고양이 장난감

망고네 다락방

　망고네 다락방은 망고라는 이름이 주는 따뜻한 느낌과 다락방이 주는 아늑한 느낌이 함께 공존하는 집이자 작업실이다. 곳곳에 고양이 물건과 가구, 재봉틀과 펠트지 커터 그리고 장난감 제품들로 가득 차 있다. 그럼에도 답답하거나 복잡하게 느껴지지 않는 것은 집사가 청소와 정리에 신경을 많이 쓰고 있기 때문이다.

　"고양이와 함께 지내고 장난감 제작을 하면서 집에 있는 시간이 길어요. 그래서 청소에 시간을 더 쏟게 되었어요. 고양이 털이 상상 이상으로 많이 빠지고 자기 털 때문에 재채기하는 망고를 보며 청소를 더 자주 해야 한다고 생각했어요."

01 고양이 장난감

고양이와 함께하면서 가장 크게 배운 점은 '인내'라고 한다.

"일에 집중해야 할 때 망고가 안아달라고 끊임없이 보챌 때가 많아요. 무시를 하려고 하지만 망고는 무슨 방법을 써서라도 집사의 관심을 끌려고 해요. 크고 작은 사고들을 칠 때마다 '참을 인(忍)' 자를 끊임없이 되뇌어요."

고양이는 기분 나쁜 일을 마음에 오래 담아두지 않는 것 같다. 망고는 혼나고 나면 시무룩해지지만 금방 다가와서 애교의 몸짓을 한다. 그러면 혼냈던 집사 역시 바로 웃음이 나오고 기분이 풀린다. 감정의 골이 깊어지기 전에 먼저 다가가는 게 중요하다는 것을 깨닫는다.

고양이와 관련된 것이라면, 생활 속에 녹이는 그 무엇이라도 만들고 싶은 작가님. 그 옆에서 항상 작가님의 창작에 힘이 되어 주는 망고. 이 사랑스러운 가족의 힘으로 어디에서도 본 적 없는 참신하고 집사가 편리하며, 고양이가 오래 가지고 놀 수 있는 장난감, 대체불가 〈망고네 다락방〉 장난감을 만들어 주기를 기대해 본다.

"망고와 함께하면서 서로가 서로의 하루에 스며들어 있고 공유하고 있음을 느낄 때 보람을 느껴요."

02 고양이와 식물

생명력 가득한 집

pet_potpet

PROFILE

차서리태

애칭 리태
나이 2022년생
성별 ♂
취미 사냥놀이, 창밖보기, 물건 떨어뜨리기, 물 엎지르기

리 태

"좋아하는 건
엄마, 생선맛 간식, 벌레."

진정한 고양이, 차서리태

 약간의 호기심과 많은 경계심으로 이 고양이는 좀처럼 얼굴을 보여주지 않는다. 여러 사람이 함께 있는 것을 더욱 경계하고 성인 남자는 무서워한다. 잠시 잊고 있던 고양이 본연의 냉정함을 리태가 제대로 보여준다. 경계가 분명하고 확실히 거리를 두며 친해지기 힘든 아이들이 바로 고양이 아닌가.

차서리태라는 이름은 집사가 좋아하는 음식인 '콩'에서 영감을 얻은 것이다. 서리태는 검은 콩의 한 종류이고 차는 집사의 성을 따라 붙여졌다. 고양이 이름에는 유난히 음식 이름이 많다. 음식 이름으로 부르면 장수한다는 속설 때문이다. 집사도 고양이가 장수하기를 바라는 마음으로 이 이름을 붙였다. 리태는 유기묘로, 차량 본네트에서 3~4일간 버티다 구조된 후, 집사의 눈에 띄어 입양되었고, 식물을 사랑하는 집사와 함께 초록이 가득한 집에서 살고 있다.

02 고양이와 식물

리태는 이른 새벽 4시 20분에 일어나 집사를 깨우는 것으로 하루를 시작한다. 집사가 일어나지 않으면 물건을 떨어뜨리거나 물을 엎지르며 일어날 때까지 기다린다. 5시 30분이 되면 아침 식사를 하고, 집사가 운동을 시작할 때는 방해를 하는 것이 리태의 또 다른 일이다. 간식을 먹고 소리를 지르기도 하며 자유롭게 놀다가 잠을 자며 오전을 보낸다. 오후에는 혼자 놀이를 즐길 줄 안다. 저녁 8시에는 저녁 식사를 하고, 9시에는 창밖을 순찰하며 동네를 감시한 뒤, 10시에 사냥놀이를 하고 하루를 마무리한다.

SCHEDULE

4:20	기상
4:20~5:00	집사 깨워서 사냥놀이
5:30	아침 식사
5:50~6:50	집사 운동 방해
6:50~7:50	집사랑 놀기, 간식 먹고 샤우팅
7:50~12:30	집사 출근 후 취침
12:30	점심 식사
13:00~17:00	혼자 놀기, 낮잠
20:00	저녁 식사
21:00	창밖 구경
22:00	사냥놀이
23:00	취침

조경 전문가, 식물 집사

집사는 조경전문가로 일하며 식물과 함께하는 것이 수행하는 프로젝트의 주된 내용이다. 반려견 관련 정원을 포함한 정원 관련 프로젝트를 진행하는 중에 리태를 입양하게 되었고, 식물과 고양이를 함께 키우는 콘텐츠를 SNS에 공유하기 시작했다. 식물을 들일 때마다 고양이에게 안전한지를 고민하게 되었고, 그 과정을 공유하면서 다른 반려동물 집사들과 유익한 정보를 나누고 싶었다.

〈리태 집의 안전한 식물〉

❶

▶ 무화과나무

잎이나 열매를 먹는 고양이 집이라면 추천드리진 않지만, 비교적 얌전(?)한 편인 리태는 무화과나무는 건드리지 않아서 키우고 있어요.

 독성 포함

처음에는 식물에 대한 관심과 학습 목적으로 식물을 집에 들이기 시작했지만 리태 입양 이후 반려동물과 식물의 안전한 공존에 대해 더 깊이 고민하게 되었다. 식물 공부를 하며 고양이에게 위험한 식물을 집에 들이지 않도록 신경 쓰기 시작했고, 이를 통해 많은 반려동물 집사들에게 도움이 되는 정보를 제공하기 시작했다.

"리태에게 위험한지도 모르고 들여온 식물이 많더라고요. 그래서 하나씩 처분하고 새로운 식물을 다시 들이면서, 나와 같은 고민을 하는 집사님들이 분명히 있을 거라고 생각했어요. 반려견 공원 설계를 진행할 때, 강아지들에게 위험한 조경수*들이 많다는 것도 알게 되었지요. 제가 알고 있는 내용을 알리고, 동시에 저도 공부를 하는 목적으로 페파페(petpotpet)라는 SNS 계정을 개설했어요."

식물 집사는 식물과 고양이 안전에 대한 정확한 정보를 제공하기 위해 공신력 있는 사이트와 논문을 먼저 찾아서 읽어보고 적용한다. 더 필요한 정보는 연구 활동을 하면서 알게 된 수의사, 반려동물학과 교수, 식물학 전공 교수의 자문을 받기도 한다.

* 조경수: 조경용 수목과 꽃

02 고양이와 식물

식물과 고양이 리태

리태는 캣그라스나 나비란처럼 잎이 긴 식물을 좋아한다. 보리, 밀 같이 쭉쭉 길게 뻗는 식물은 아작아작 잘 씹어먹는 것을 즐기기도 한다. 허브류인 바질이나 로즈마리는 향기는 맡아보지만 크게 관심을 두지는 않는다. 집사는 리태가 식물과 안전하게 상호작용할 수 있도록 신경을 쓰고 있다. 특히 식물과 고양이 모두가 안전한 환경을 만들기 위해 화분은 대부분 선반 위나 천장에 걸어두며, 대형 화분은 집의 구석에 배치해 고양이와 식물이 충돌하지 않도록 배려한다.

"식물은 대체로 걸어 둬요. 바닥 청소를 매일 하는데, 바닥에 있는 화분은 방해가 돼요. 리태는 엄청난 에너지로 사냥놀이를 하기 때문에 무조건 화분을 쳐서 넘어뜨리거든요. 대형 화분을 제외하고는 선반이나 천장에 걸려 있습니다."

02 고양이와 식물

집사가 생각하는 고양이 실내 정원은 어떤 식물로 어떻게 꾸미는 것이 중요한 것이 아니라 '관리를 잘 할 수 있는가'가 핵심이라고 한다. 처음에 잘 꾸며도 관리를 하지 않으면 잠깐 예쁘다가 처치 곤란한 상황이 되기 때문이다.

"저도 관리를 참 못해서, 식물을 많이 죽이고 있어요. 나의 라이프 스타일과 맞는 식물을 찾고, 고양이에게 안전하면서, 고양이와 내가 같이 관리할 수 있는 식물을 선정하는 게 우선이에요."

▲ 스프링 골풀

◀ 아라우카리아

집사에게 식물과 고양이를 함께 키우는 것은 늘 도전이다. 처음에는 고양이가 식물을 넘어뜨리거나 씹어먹는 문제로 어려움을 겪었지만, 집 안 알맞은 곳에 식물을 배치하고 고양이에게 안전한 환경을 제공하는 방법을 찾는 과정이기도 했다. 이 과정에서 식물의 생장 환경을 세심하게 관리하는 습관도 길러졌고, 고양이와의 교감을 통해 식물도 더욱 건강하게 자라게 되었다.

"고양이와 함께한 순간부터 제 삶이 많이 바뀌었어요. 잠귀가 밝아지고, 물건도 늘 수납장에 집어넣어야 합니다. 고양이가 표면 위 물건은 자주 떨어뜨리기 때문이지요. 화장실도 치워야 하고, 바닥은 늘 고양이 모래로 가득 차서 매일매일 청소를 해야 합니다. 고양이가 식물까지 갉아먹기 때문에 주의를 게을리하면 안됩니다. 부지런해지는 것이지요. 식물은 되도록 매달아서 키워야 하는 불편함이 있지만 리태와 함께 생명력이 가득 찬 집에 산다는 것이 삶의 이유를 만들어 주는 것 같아요. 식물은 늘 키우지만 언제나 키우기 어려웠어요. 그런데 집에서 고양이와 함께 지내는 시간이 많다 보니 식물의 상태를 더 많이 관찰할 수 있고, 온도, 습도를 계속 관리하니까 식물이 더 잘 자라는 것 같아요."

02 고양이와 식물

집사는 리태와 식물을 함께 키우면서 고양이에게 안전한 환경을 유지하는 것이 무엇보다 중요하다는 것을 강조한다. 예를 들어, 고양이에게 해로운 식물인 철쭉이나 벚꽃, 매화나무, 포인세티아 등은 절대 집 안에 들이지 않고, 안전한 식물들만을 선택해 집을 꾸미고 있다.

▲ 원숭이꼬리 선인장
알려진 독성은 없으나 선인장 가시 섭취 위험이 있다.

▲ 티나 모라넨시스
(벌레잡이 제비꽃)

◀ 남천
청산글리코시드(Cyanogenic glycosides) 함유, 섭취 주의!

거베라, 프리지아, 스카비오사 같은 안전한 꽃들을 사용하거나, 로즈마리, 바질 같은 허브를 기르면서도 고양이가 안전하게 지낼 수 있도록 배려한다.

앞서 말했듯이 고양이와 식물이 함께 공존할 수 있는 실내 정원을 만들기 위해 관리 가능한 식물을 선택하고, 고양이와의 일상 속에서 자연스럽게 관리할 수 있는 환경을 조성하여 고양이와 집사와 식물 모두가 서로의 사랑 속에서 살아 갈 수 있기를 원한다.

◀ **드라세나 맛상게아나**
사포닌(Saponin) 소량 함유, 섭취 주의!

▼ **아몬드 페페**

02 고양이와 식물

"사람도 건강하게 지내려면 잘 자고, 잘 먹고, 잘 쉬는 게 우선이듯 고양이도 그것이 중요하다고 생각해요. 잘 잘 수 있는 환경을 곳곳에 만들어주고, 기호성 좋은 사료를 주며, 매일 1시간씩 사냥놀이를 같이 하고, 창밖을 보면서 쉴 수 있게 해주는 것. 제가 고양이에게 행복을 줄 수 있는 최선의 방법이에요. 밖에 잘 나가지 못하는 고양이에게 식물은 자연의 맛을 볼 수 있도록 하는 배려의 도구 아닐까요?"

집사는 앞으로도 리태와 식물들과 함께하는 삶을 꾸준히 기록하며, 더 많은 반려동물 집사들에게 유익한 정보를 제공하고 싶다고 한다. 특히 고양이와 식물을 함께 키우는 집사들이 안전하고 건강한 환경을 조성할 수 있도록 돕기 위해 다양한 콘텐츠를 준비 중이다. 고양이와 식물이 함께하는 삶이 얼마나 아름다울 수 있는지를 널리 알리고, 반려동물 문화 속에서 식물과의 공존을 더욱 장려하고 싶다는 큰 목표를 가지고 있다.

리태와 그의 집사, 그리고 식물들이 함께 만들어가는 이 집의 이야기가 많은 사람들에게 좋은 영향을 주며, 고양이와 식물이 조화롭게 공존할 수 있음을 보여주기를 기대한다.

02 고양이와 식물

Q & A

Q: 고양이와 함께 있어도 안전하고 유익한 식물은 무엇인가요?

생각보다 많은 것 같으면서도 많지 않아요. 제가 제일 먼저 안전한 식물로 알았던 것은 '거베라'예요. 보통 화환에 많이 사용하는 꽃이에요. 가끔 꽃다발이나 꽃꽂이를 할 때도 있는데, 그때 거베라, 프리지아, 스카비오사 같은 안전한 절화들을 많이 씁니다. 로즈마리, 딜, 바질 같은 허브도 안전해서 집에서 키우고 있어요. 올리브나무는 다른 집사의 고양이들이 잎도 뜯어 먹을 만큼 좋아한다고 해서 데려왔는데, 리태는 큰 관심을 안 주었어요.

정원용 식물로 많이 쓰이는 '은사초', '조팝나무'도 정원 일 하다가 남아서 잠깐 데려온 적이 있어요. 이외에도 은근 찾아보면 안전한 식물이 많아서 집에 있는 식물이 죽으면 또 데려오고 있어요.

▲ 캣그라스
귀리

▲ 아스파라거스 메이리
여우꼬리 아스파라거스
사포게닌(Sapogenin) 함유, 섭취 주의!

02 고양이와 식물

▲ 호프셀렘

Q: 고양이에게 해롭거나 독성이 있는 식물은 어떤 것이 있나요?

길에 보이는 대부분의 식물이 다 위험하다고 보면 돼요. 물가에 피어 있는 수선화, 붓꽃류는 다 독성이 있고, 정말 흔한 조경수인 철쭉, 매년 봄에 보는 벚꽃과 매화꽃도 섭취하면 안 돼요. 크리스마스 식물인 포인세티아도 아주 위험해요. 향기만으로도 위험한 식물이 튤립이나 백합과 같은 독성을 가진 식물이에요.

02 고양이와 식물

▼ 팔손이

▶ 돌단풍

⑫

⑬

⑭

▲ 로즈마리

잎과 줄기 소량 섭취가
가능하다.

Q: 이러한 독성 식물이 고양이에게 미치는 증상이나 위험은 어떤가요?

튤립, 백합은 락톤, 튤립팔린을 가지고 있어서 향기만으로도 위독한 상황을 초래할 수 있어요. 위험성이 있다고 말하는 식물의 대부분은 잎, 꽃, 줄기, 씨앗을 섭취했을 때 문제가 발생합니다. 구토, 설사, 복통, 충혈이 가장 대표적인 증상인데, 고양이는 증상이 빨리 나타나지 않기 때문에 먹은 것이 확인되면 바로 병원으로 가는 것이 좋아요.

Q: 고양이와 식물을 함께 키우는 것이 처음인 사람들이 정보를 얻을 수 있는 곳이 있을까요?

인스타그램 페파페(@pet_potpet) 계정을 추천 드려요(웃음). 물론 다른 곳의 정보를 참고하셔도 좋지만 계속 업데이트되는 정보이기에 새롭고 유익합니다. 식물은 쉽게 죽고, 쉽게 피어나지만 우리 반려동물의 건강은 쉽게 회복되지 않을 수도 있어서 집사의 관심과 주의가 꼭 필요하지요. 안전한 식물 중에서, 키우기 쉬워 보이는 것부터 하나씩 함께 하다 보면 나랑 잘 맞는 식물도 만나지 않을까요? 🐾

03 고양이 미용

고양이 전문
미용사도
그냥 집사

hr._time srooming_a

Profile

 **씩이** 메인쿤

나이	6살
성별	♂
취미	공놀이
좋아하는 것	'간식 먹을 고양이!'라고 부르는 소리

 **더기** 셀커크 렉스

나이	7살
성별	♂
취미	집사 머리카락에 꾹꾹이하기
좋아하는 것	집사 팔베개하고 자기

다묘 집사 심콩쌤

"영적 동물이고 서로 지켜줄 수 있을 것 같다는 생각으로 처음 고양이를 입양했어요. 고양이들은 저에게 가족이자 친구이자 정신적 지주예요. 힘들 때는 파이팅을, 지칠 때는 위로를, 평소에는 자기 자리에서 굳건히 기다려 주죠."

이름 그대로 씩씩하고 명랑한 씩이는 집사와 손님들의 대화 내내 함께 이야기를 나눴다. 겁이 없고 호기심이 많기에 처음 본 사람들과도 금방 친해지고 주특기인 애교를 내보인다. 활동적이고 집사와 노는 것을 좋아해서 틈만 나면 공을 물고 집사에게 오는 씩이.

더기는 수줍음이 많다. 자꾸 숨는 더기를 불러내고 대화를 시도해 보지만 번번이 숨는 더기가 더 빠르다. 사실 엄마만 따라다니는 엄마바라기 더기지만 낯선 사람들과 엄마가 함께 즐겁다면 그 또한 존중해 주고 싶은 것이 더기의 마음이다.

"더기는 집사가 자신을 애틋하고 안쓰럽게 본다고 여기는 것 같아요. 더기도 집사를 그렇게 생각하지 않을까요? 그래서 동반자예요. 복막염을 두 번이나 앓았어요. 3개월 동안 같은 시간에 주사를 놓아야 했어요. 주사 서랍만 열어도 도망갔던 더기지만 잘 견뎌줘서 고맙고 잘 자라줘서 기특해요. 지금은 매일 내 옆에 와서 자요."

고양이 전문 미용사 심콩쌤

 공을 물고 오는 씩이 덕분에 집사는 잠이 깨서 공을 던져 주고, 옆에서 자고 있는 더기와 눈맞춤을 하며 행복한 아침을 시작한다. 아이들 먹을 것을 모두 챙겨주고 나서 미용사 심콩쌤이자 집사는 일터로 향한다.

집사의 일터는 고양이 미용 〈스루밍아카데미〉.

고양이 미용사였던 필드 직을 내려놓고 고양이 미용사가 되고 싶은 예비 미용사들을 가르치고 있다. 특히 심콩쌤이 직접 만든 기술 '교감미용'을 교육하고 있고 창업까지 도움을 준다. 이곳에서 공부한 고양이 미용사들이 약 100군데에서 교감미용실을 운영한다.

"미용하다 보면 고양이의 피부, 근육, 떨림, 호흡 등 모든 것을 느낄 수 있어요. 사람도 서로 손을 잡고 있다가 상대방이 잠깐 놀라거나, 다른 생각을 하면 바로 느낄 수 있잖아요. 똑같아요. 고양이도 우리를 느끼고 있기 때문에, 접촉하여 느끼는 '교감'이라는 말이 딱 어울리죠. 교감하며 미용하는 거예요. 우리 학생들이 나가서 고양이와 함께하는 '교감미용'으로 행복한 미용을 하며 오랜 시간 고양이 집사에게 사랑을 주고받는 미용사가 되면 좋겠어요."

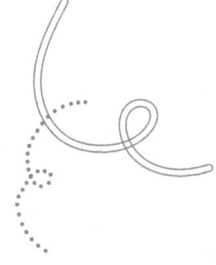

03 고양이 미용

　처음에는 미용 시 털이 잘 엉켰는데 관리를 싫어하는 첫째 미실이 때문에 애견미용을 배웠다고 한다. 이후 〈심콩캣〉이라는 브랜드로 고양이 전문 미용 사업을 시작했다. 그 당시 무지개다리를 건넌 심바와 콩이라는 아이의 첫 글자를 따서 〈심콩캣〉이라고 이름을 지었다. 내 고양이를 대하는 마음으로 초심을 잃지 않기를 바라는 것이었고 지금도 그 마음을 잃지 않으려고 노력한다는 심콩 집사다.

"저는 정말 고양이에게 미쳤던 것 같아요. 심콩 쌤처럼 되고 싶다는 학생들에게 바라는 것은 정말로 미치지 않으면 안 된다는 것을 말해주고 싶어요. 눈에 보이는 레퍼런스나 롤모델이 되고 싶다는 정도의 마음만으로 시작하는 것이 맞다면 누구나 성공하지 않을까요? 스스로 미치도록 몰두해야 자기 자신만의 노하우를 만들어 나갈 수가 있지요. 제가 하는 역할은 수학으로 말하면 구구단까지예요. 그 다음 함수를 풀어나가는 것은 각자의 몫이죠. 고양이 미용은 이제 시작인 산업이에요. 획일화된 기술이나 디폴트 값이 없어요. 개척시장과도 같은데요, 앞으로 발전이 기대되는 점이에요. 미용사가 되기 위해 아카데미에서 교육을 받거나 1:1 교육을 받고 필드에 나가 자기의 것을 찾기까지 큰 노력과 연구가 필요해요."

03 고양이 미용

고양이 미용? 고양이 사랑!

고양이 미용을 애견미용과 같은 것이라고 생각하는 것은 오해이다. 기술도 다르지만 목적부터 다르다. 위생과 미를 위한 애견미용과는 다르게, 털 관리를 위해 필요한 것이 고양이 미용이다. 또 한 가지, 집사의 편의를 위해 고양이를 괴롭힌다고 생각하는 것도 오해라고 한다. 심콩쌤은 '고양이 미용은 집사와 고양이가 함께 쾌적하고 편안하게 살아가기 위함'이라고 생각하기를 바란다.

고양이 미용사는 고양이의 스트레스, 안위를 제일 중요하게 생각하고 기술을 연구하기 때문에, 고양이 사랑이 기본이 되지 않으면 직업으로 가질 수 없다.

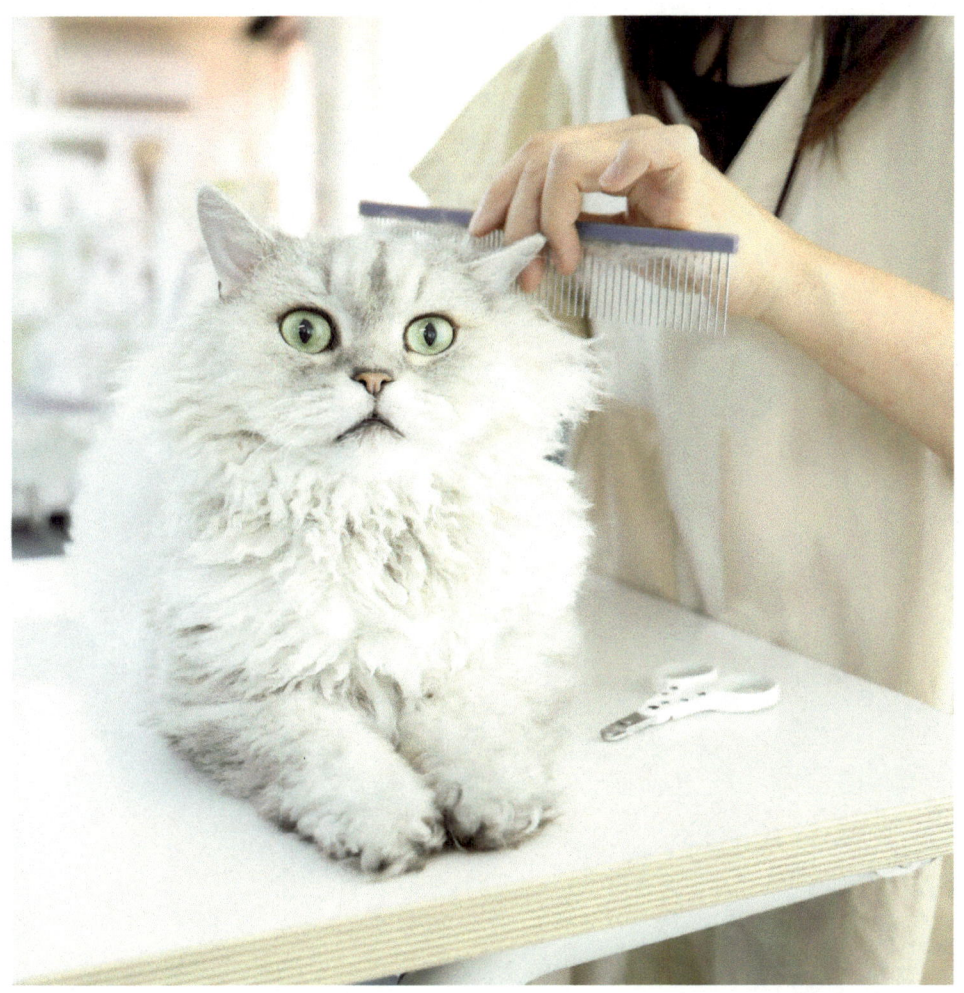

대부분의 집사는 고양이 미용이 고양이에게 더 고통을 주는 게 아닌가 하는 생각에 많은 걱정과 고민을 안고 전문 미용실을 찾는다. 그러나 미용을 잘 이겨내는 아이들을 보고 감동하고 미용사에게 큰 고마움을 표현해 준다. 그 순간은 고양이 사랑에 대한 공감대가 극대화되기 때문에 심콩쌤에게는 가장 큰 보람이 된다.

"고양이들은 항상 예쁘고 고맙고 사랑스러워요. 사람처럼 아이마다 성격, 특색, 기질이 다 다르죠. 사연 없는 고양이는 없어요. 하지만 어떠한 사연보다는 미용하며 교감하는 모든 고양이가 기억에 남아요. 특히 처음에는 뚝딱거리던 사이인데 몇 번 만나고 척척 자세를 취해주고 맞춰 주는 고양이를 만나면 말 못할 감동까지 느낀답니다. 고양이는 다 알아요. 미용사가 떨고 있는지, 긴장하고 있는지, 무서워하는지."

03 고양이 미용

　고양이 미용사에게 털이 엉킨 경우가 가장 힘든 손질이다. 털과 피부에 클리핑할 공간이 없어서 아주 천천히 한 올 한 올 보정에 집중하며 미용해야 해서 제일 힘든 작업이라고 할 수 있다. 몸이 편해진 후 마음껏 그루밍을 하고 점프하는 모습을 보면 참으로 뿌듯하다는 심콩쌤!

　온몸이 한 뭉치로 이어질 만큼 엉킨 상태를 '갑옷'이라고 표현하는데 손질을 마친 후 갑옷을 벗고 편해진 모습을 보고 그동안의 미안한 마음에 눈물짓는 집사도 있다고 한다.

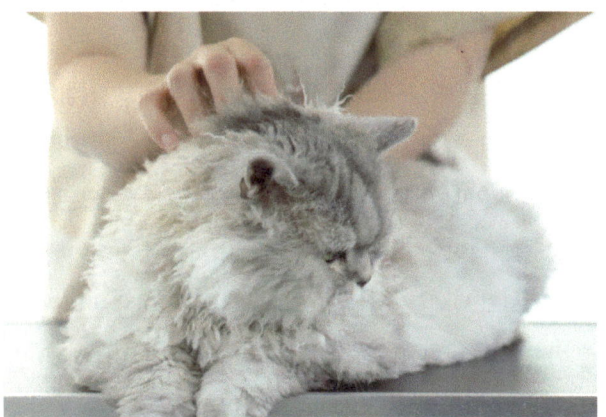

"집사님들이 고양이 털관리를 어려워하는 이유는 어릴 때부터 습관으로 형성되지 않아서예요. 엄청난 전쟁을 치러야 빗질, 발톱 깎기 등 기본 케어를 할 수 있기 때문이지요. 이런 경우는 차라리 잘 맞는 전문가 선생님을 찾아 꾸준히 맡겨 주시는 게 더 좋다고 생각해요. 잘못된 털관리는 오히려 고양이와의 신뢰나 관계를 해칠 수도 있거든요. 물론 집에서 케어를 직접 해주는 게 고양이에게는 제일 좋아요."

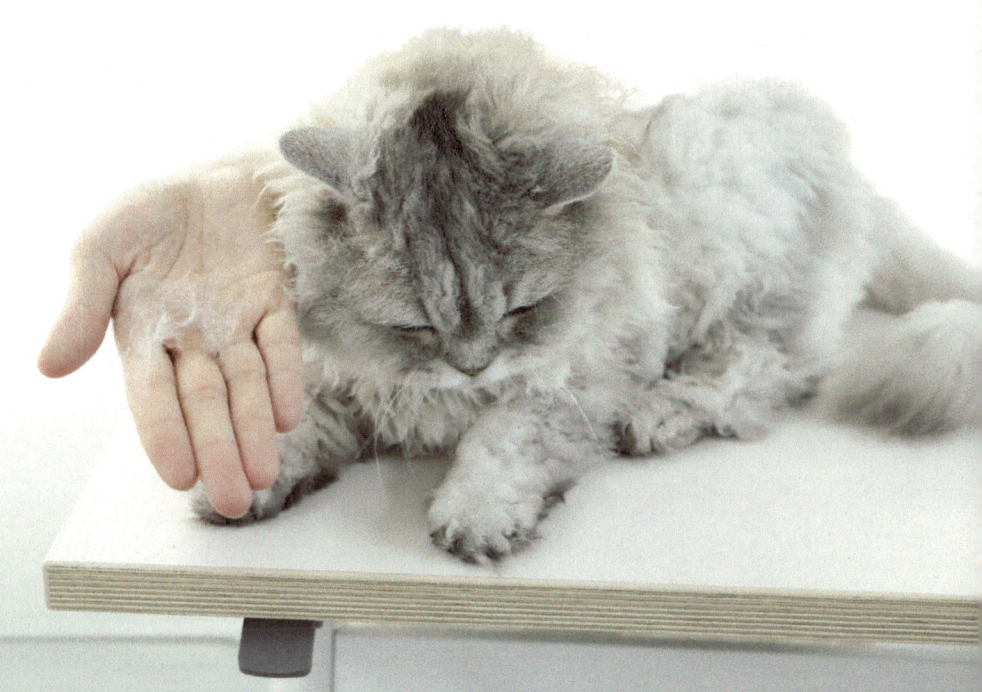

03 고양이 미용

고양이 미용 전문가 팁!

Q: 고양이 집사들이 갖춰야 할 필수 손질 도구는 무엇인가요?

발톱깎이, 그리고 '콤'이라는 데일리 빗이에요. 사람이 쓰는 도끼빗과 같다고 생각하면 됩니다. 아프지 않게 털 제거 목적이 아닌, 결 유지를 위해 매일매일 빗겨주는 거예요. 죽은 털을 바로 제거할 수도 있지요. 올바른 빗질은 혈액순환을 촉진해 피모를 건강하게 만든답니다.

Q: 고양이의 손질은 얼마나 자주 해야 하며 품종에 따라 다를까요?

같은 품종이더라도 털의 양(숱), 털의 굵기에 따라 모두 다릅니다. 단모도 얇고 빽빽한 털을 갖고 있는 고양이는 엉키기도 해요. 데일리 빗을 집안 보이는 곳곳에 두고 볼 때마다 조금씩 빗겨주는 것이 좋습니다. 고양이 털 관리는 평소 꾸준히 관리해야 털이 엉키거나 털 빠짐을 방지할 수 있어요. 그렇지 않으면 죽은 털이 언더코트*에 쌓여서, 촘촘하지 않은 콤으로 빗어도 아이들이 아파하거나 싫어할 수 있어요.

* 언더코트: 속 털

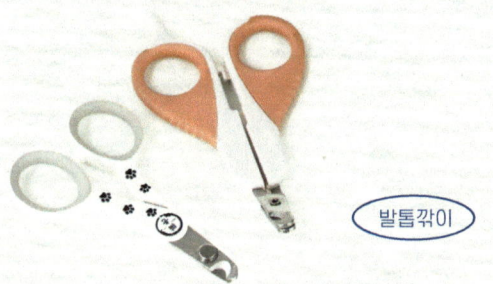

발톱깎이

Q: 고양이 목욕은 얼마나 자주 해야 하며 가장 목욕하기 좋은 방법은 무엇인가요?

　고양이의 목욕 시기는 집사가 원하는 시기라고 말할 수 있어요. 사실 스스로 그루밍을 하기 때문에 따로 목욕은 필요 없어요. 다만, 집사의 개인적인 기준에서 목욕을 시키는 경우가 많죠. 침 냄새, 모래 냄새 등에 대한 민감한 정도가 집사에 따라 다르기 때문이에요. 고양이는 목욕을 안 시켜도 되는 동물이라고 말하고 싶어요. 우리집 15살 첫째 미실이는 거의 10년째 목욕을 안하고 있답니다. 물론 스스로 깨끗하게 잘 유지하고 있어요.

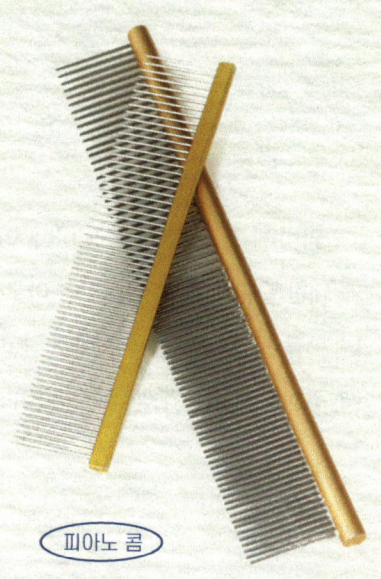

피아노 콤

03 고양이 미용

Q: 고양이 발톱 관리가 필요하다면 스트레스 주지 않고 다듬는 방법은 무엇인가요?

    고양이 발톱 관리는 필수입니다. 어렸을 때부터 촉각 둔감화 훈련, 발톱깎기에 대한 습관을 들여주는 것이 아주 중요해요. 고양이가 활동하는 시간이 아닌, 예를 들면 낚시 놀이를 실컷 하고 지쳐 잠들었을 때와 같이 활동이 끝났을 때, 조심조심 하나씩 깎아주면 힘이 조금 덜 들 수 있어요.

Q: 미용을 처음 접하는 고양이와 라포르 형성은 어떻게 하나요?

미용을 처음 접하는 아이들은 이게 미용인지, 자기를 괴롭히는 상황인지 인지를 못해요. 그래서 더 움직이고 격하게 표현하는 아이들이 많죠. 이때도 미용사는 평정심을 유지하고 한 동작 한 동작 알려주면서 천천히 미용을 진행해요.

치과 치료로 비유하면 쉬워요. 사람들도 치과 공포증이 심한 분들이 있죠. 하나하나 친절하게 설명하고 정확하게 치료를 하는 의사 선생님이 있다면 믿고 맡기겠죠. 반대로 어려운 치료나 고객이 공포감이 심하다고 의사가 동화된다면 신뢰할 수 없겠죠. 고양이와 고양이 미용사의 관계도 마찬가지예요.

03 고양이 미용

결국은 고양이 집사

  고양이 집사로서 심콩쌤이 가장 힘들어하는 일 역시 털 관리이다. 너무 속속들이 잘 알기에 감정이 개입되는 경우도 많고 고양이는 역시 고양이기에 달래가면서 평정심을 유지하기가 어렵다고 한다. '중이 제 머리 못 깎는다'는 말이 딱 맞다.

  심콩쌤은 여느 집사와 다르지 않게 고양이 가족을 소중히 여기는 마음으로 가득 차 있다. 고양이 미용 전문가가 된 이유도 집사의 그 마음 때문이다. 그 마음은 더기와 씩이에게 온전히 전해진다. 가족들에게 심콩쌤은 소중한 엄마이자 든든한 동반자다.

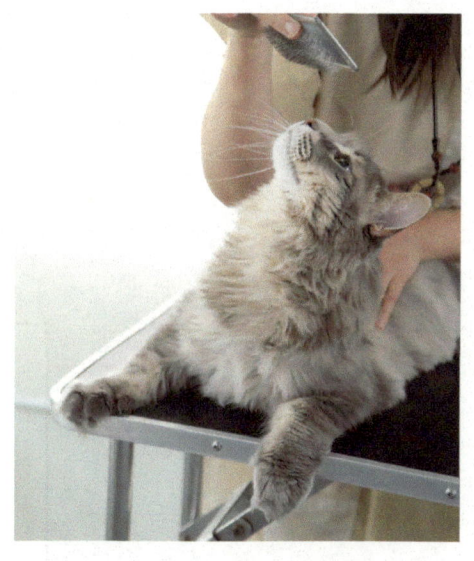

"고양이가 행복하고 건강하게 지내기 위해 가장 필요한 것은 집사의 관심이에요. 예뻐해 주는 것만이 다가 아니지요. 밥을 잘 먹는지, 어떤 토를 했는지, 오늘은 활력이 어떤지, 맛동산(?)은 어떤지, 눈빛은 평안한지, 기력은 좋은지, 평소 루틴과 다른 게 있는지 등등. 아이들을 관찰하고 관심을 주고 사랑을 주는 것이 중요해요. 고양이는 아파도 잘 드러내지 않기 때문에, 골든 타임을 놓치는 경우가 많아요. 이런 관심이 집사로서 엄청난 촉을 발휘하기도 해서 병이 많이 진행되기 전에 병원을 찾거나 고양이가 필요한 것들을 알아차리기도 하죠."

04 고양이 카페

Cafe
집사의 하루

카페에 모인
사연 많은
고양이들

사연 없는 고양이는 없다.
사랑받기 마땅한 존재들
수많은 유기묘들이 사랑받으며 머무는 곳
고양이를 좋아하지만 현실적으로 키우기 어려울 때,
찾아갈 수 있는 카페
버려진 아이들이 짧은 묘생에서
순간이라도 안락하고 행복한 생활을 영위하는 곳
이곳에 사는 수많은 '그 고양이'들의
특별한 사연을 들어본다.

jipsakangnam

"오늘 할 일은
엄마 따라다니기"

여 름

"인기 1위
무릎냥"

시모나

살 구

체 리

레 아

　도심 한복판 뒷골목에 자리 잡은 〈집사의 하루〉 카페.

　이곳은 버려진 고양이들에게 두 번째 기회를 제공하는 자립형 유기묘 카페로, 사람들과 고양이들이 함께 소중한 시간을 보낼 수 있는 공간이다. 구조된 고양이들은 집사의 따뜻한 사랑을 받으며 새로운 삶을 살아간다. 이곳을 찾아오는 손님들은 그 고양이들과 시간을 함께하며 마음을 나눈다.

04 고양이 카페

카페에 사는 고양이들

〈집사의 하루〉에는 서른 마리가 넘는 다양한 고양이들이 저마다의 개성으로 카페를 찾는 손님들과 만난다. 그들은 저마다 다채로운 사연을 가지고 있기에 모두 다른 모양으로 손님들을 맞이하고 교류한다.

여름

낚시터에서 구조된 고양이 중 하나인 여름이는 집사의 어깨가 자신의 것이라고 생각한다. 길고양이의 습성이 남아 있어서 늘 탈출을 꿈꾸는 고양이다. 그 마음을 감추기 위해 집사의 어깨에서 집사를 안심시키고 호시탐탐 기회를 노리는 것일 수도 있다. 하지만 가끔 산책으로 만족하며 츄르 공급자 집사를 안심시킨다.

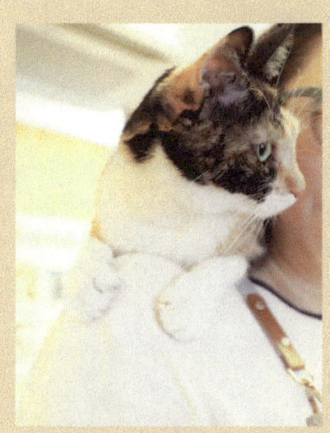  

시모나

　시모나는 최고의 미모를 자랑하는 고양이다. 미모만큼 경계도 심하여 합사하는 데 3개월이라는 시간을 필요로 한 고양이다. 지금은 애교가 많은 고양이로 최고의 인기를 누리고 있다. 특히 손님 무릎에 앉아 있는 것을 좋아하며 30분 이상 무릎에 머무르기도 하기에 손님들에게는 친절한 직원 냥이의 역할을 톡톡히 한다. 특별히 성인 남성을 잘 따르는 것을 보면 시모나는 스스로 인기 관리도 할 줄 아는 고양이가 아닐까.

레아

레아는 태어난 지 4개월이 되었을 때 3층에서 추락했지만 기적적으로 살아남았고, 코로나 시기에도 비싼 치료비를 감수하며 보살핀 덕분에 카페에서 '가장 비싼 고양이'로 불리고 있다. 레아는 지금도 활발하게 카페를 누비며 사람들의 사랑을 받는다.

04 고양이 카페

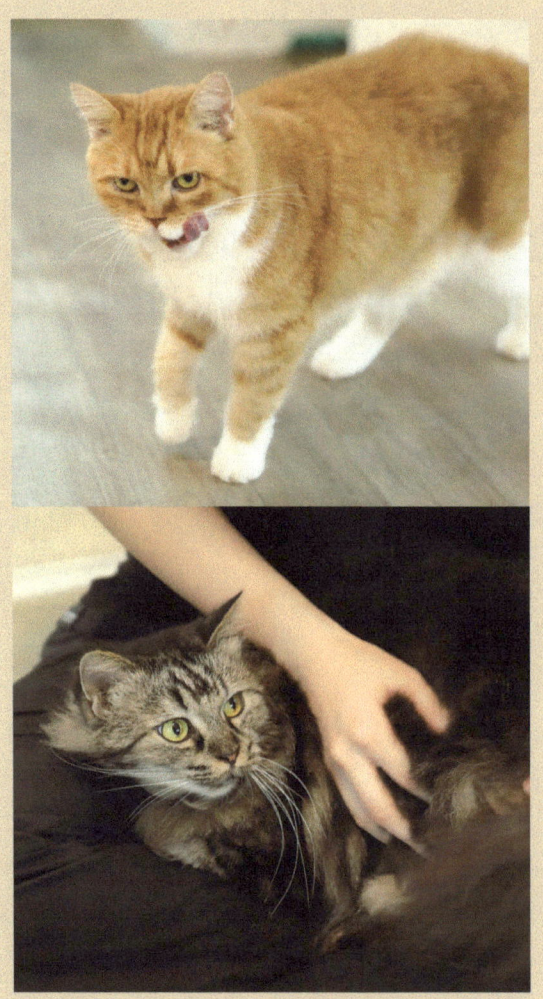

살구와 체리

　살구와 체리는 스스로 아웃사이더를 자처하며 사람과 교류하거나 다른 고양이들과 섞이기보다는 둘이서만 붙어있는 대표적인 커플 고양이다. 중성화된 후 만났는데도 벌써 5년째 커플을 유지하고 있다. 흔히 '꽁냥거리다'라는 말이 살구와 체리에게 딱 어울리는 표현이다. 둘은 보통 캣휠이나 캣타워에서 함께 지내는데, 살구는 집사가 주변에 있을 때만 집사의 무릎에 앉는다. 간식을 거부하는 살구에게는 체리와의 꽁냥거림이 그 허기를 채워주는 시간이 아닐까.

04 고양이 카페

이 고양이들 외에도 〈집사의 하루〉에 있는 다른 고양이를 만나고 싶을 때는 언제라도 방문하시라. 조용하고 평화로운 고양이들의 세상을 만날 수 있다.

묘생역전을 꿈꾸다

 강남역 주변에서 구조된 길고양이 강남이는 카페에 자주 방문하던 부부에게 입양되었다. 강남이를 위해 방 하나를 전부 꾸며주고, 사랑을 듬뿍 주며 키우고 있다. 행복한 삶을 누리는 강남이를 보며 묘생역전을 실감한다. 카페 운영의 보람은 고양이의 행복에 있다.

04   고양이 카페

고양이 카페를 운영하는 것은 쉬운 일이 아니다. 날마다 대청소에 버금가는 청소를 하고, 고양이들의 건강을 관리하는 데 많은 시간과 비용이 소요된다. 특히, 질병에 걸린 고양이들을 치료하는 데는 많은 돈이 들어가는데, 치료 후에도 건강을 회복하지 못할 때는 마음이 무겁다.

그러나 고양이들이 새로운 가정으로 입양되고, 사랑받으며 행복하게 사는 모습을 볼 때마다 집사와 카페 가족은 이 일을 계속할 힘을 얻는다고 한다. 〈집사의 하루〉 카페는 더 많은 고양이들에게 안전한 쉼터를 제공하고, 고양이들과 사람들이 행복하게 교감할 수 있는 공간으로 성장하는 꿈을 꾼다.

"고양이 카페를 통해 유기동물 문제를 해결하는 데 조금이나마 기여하고 싶어요. 더 넓은 공간에서 고양이들이 자유롭게 지낼 수 있는 환경을 마련하고, 유기동물 구조 활동을 확대해 나가고자 합니다."

"고양이뿐 아니라 모든 반려동물들은 집사가 부자거나 가난하거나 못생기거나 잘생기거나 좋은 사람이거나 나쁜 사람이어도 한번 연을 맺으면 그 집사에게 올인합니다. 집사를 100% 신뢰하지요. 고양이는 침대로 와서 함께 눕거나 꾹꾹이를 하고, 골골송을 들려주고, 부드럽고 따뜻한 체온으로 사람과 교감합니다. 그 모습에 위로와 안정을 얻습니다. 있는 그대로의 나를 받아주면서, 냉정과 애교 사이를 적당히 밀당하는 그런 묘한 매력은 길고양이든 버려진 고양이든 다 똑같습니다."

05 고양이 잡화점

묘~상한
고양이들이 사는

신비한
고양이
잡화점

seonyudo.cat

PROFILE

이름 라봉
나이 모름
취미 삐약이 내쫓기
좋아하는 것 남자 집사

이름 삐약
나이 모름
취미 새 쫓기
좋아하는 것 여자 집사

라봉

"집사는 말 그대로 집사."

삐약

　선유도로 가는 한적한 골목에는 라봉이와 삐약이라는 고양이와 그들을 돌보는 집사 두 명이 운영하는 독특한 고양이 잡화점, 〈선유도고양이〉가 있다. 고양이를 주제로 한 다양한 소품들이 가득 찬 이곳에 들어서는 순간, 마치 다른 차원의 문을 열고 들어온 것 같은 오묘한 환상의 세계로 빠져 든다.

　반겨줄 것을 기대했던 라봉이와 삐약이는 보이지 않는다. 라봉이는 현재 낮잠 중이며 삐약이는 새를 따라 선유도 공원으로 나들이 간 모양이다. 고양이가 쉬는 곳은 사람들의 시선이 잘 닿지 않는 곳으로, 집사의 고양이에 대한 배려가 돋보이는 장소이기도 하다.

05 고양이 잡화점

라봉이와 삐약이

라봉이는 2019년 9월, 매장 옆 담에서 처음 만났다.

"라봉이는 처음 매장 옆 담에 나타났을 때부터 1년여간 전신을 본 적이 거의 없었을 정도로 사람에 대한 경계가 심했어요. 사료 그릇을 갖다 줘도 우리가 없을 때만 나와서 먹었어요. 그렇게 1년쯤 지냈는데, 어느 날 갑자기 다가와서 저에게 헤드번팅*을 하더라구요. 정말 말할 수 없을 정도로 감동이었어요. 이후 라봉이는 매장까지 들어와 매장 안에서 먹고 자고 있답니다."

* 헤드번팅: 고양이가 머리를 사람이나 물건에게 비비고 부딪히는 행동

05 고양이 잡화점

삐약이는 라봉이보다 조금 늦게(2021년쯤) 등장했다.

"매장 앞 풀숲에서 새끼 고양이 울음소리가 삐약삐약 들렸어요. 다른 고양이들은 왔다가 바로 사라지는 게 다반사인데 그 아이는 계속 나타나길래 사료를 챙겨주기 시작했어요."

턱시도 고양이, 삐약이도 처음에는 경계를 하다가, 사료 덕분에 점차 마음을 열고 가게 고양이로 자리 잡았다. 삐약이라는 이름은 처음 왔을 때 내던 작은 울음소리에서 따왔다.

05 고양이 잡화점

　라봉이와 삐약이는 서로 성격이 달라 매장에서는 대개 따로 지낸다. 삐약이는 활발하고 장난기가 많은 반면, 라봉이는 조용하고 신중한 성격이다. 라봉이는 주로 매장 안에서 지내며, 손님이 없을 때는 카운터 밑 박스에서 쉰다. 삐약이는 밖에서 생활하다가 매장에 오면 카운터 위에서 시간을 보내곤 한다. 손님이 방문하면 삐약이는 매장 밖으로 나가버리지만 라봉이는 주로 매장과 외부를 연결하는 통로에 머물며 손님을 지켜본다. 둘 다 장난감에는 큰 관심이 없고, 자신들만의 아늑한 공간을 찾는 데 능숙하다.

퇴근하고 다음날 출근할 때까지의 라봉이와 삐약이의 생활은 알 수가 없다. 한번은 라봉이가 엽서를 엎어놓은 적이 있는데, 이는 밤사이 삐약이와 투닥거리며 생긴 흔적일 거라고 짐작한다.

이 신비한 잡화점 세계에서 사람이 없는 시간에 무슨 일이 일어나는지 상상해 보자. 불이 꺼지고 출입문이 잠기고 나면 모든 고양이 캐릭터들이 살아나서 라봉이 삐약이와 함께 우리가 알 수 없는 신기한 놀이에 빠져서 시간을 보내는지 누가 알겠는가.

05 고양이 잡화점

"매장 안에는 냥이만의 공간들이 있어요. 손님들은 물론이고 우리에게도 보이지 않는 공간이지요. 요즘은 라봉이가 주로 매장 안에서 생활하고 있고, 삐약이는 밖에서 생활하다가 방문합니다. 이런 상황이 정해진 건 아니에요. 어느 순간에는 반대의 상황, 즉 삐약이가 매장 안, 라봉이가 매장 밖에서 생활하기도 합니다. 아이들이 밖으로 나가면 어디에서 생활하는지 알 수 없지만 기억하고 돌아와서 가족처럼 지내는 것이 기쁜 일이지요."

05 고양이 잡화점

고양이 집사, 잡화점 운영

집사의 고양이 사랑에서 시작된 잡화점 <선유도고양이>.

"집에서 고양이를 키우기 시작한 후, 고양이 소품에 대한 관심도 생겼어요. 국내뿐 아니라 해외 소품점에서도 마음에 드는 고양이 소재의 소품을 수집했어요. 일본의 고양이 잡화점에 있는 다양한 종류의 소품을 보고 놀라워서 방문 횟수가 늘어났어요. 결국 '이런 고양이 잡화점을 내가 한번 해볼까?'라는 생각이 들었고, 다니던 직장을 그만두었지요. 1년간의 사전 준비 끝에 2018년 4월에 <선유도고양이>를 오픈하게 되었습니다."

고양이 소품점을 시작하기로 결정했지만 정작 어디에서 여는 게 좋을지 고민이 많았다고 한다. 단순히 사람이 많은 동네보다는 고양이처럼 조용한 지역, 고양이와 관련된 지역에서 시작하면 좋겠다는 생각으로 장소를 찾아다녔다.

"한강의 선유도 안에 원래 '선유봉'이라는 작은 언덕이 있었고, 그 모양이 고양이를 닮아서 '괭이산'이라고 불렀다는 문헌을 찾았어요. 생각하는 두 가지 조건에 딱 맞는 장소라고 판단했지요."

이 잡화점에는 정말 다양한 상품과 많은 작가들의 작품이 진열되어 있다. 위탁작가들도 40여 명에 달한다. 어떤 상품과 작품이 인기 있다고 말하기는 어렵다. 고객들의 취향과 요청 사항도 다양하기에 더욱 그렇다.

"쉽게 접할 수 없는 다양한 소품들을 만나볼 수 있는 장소가 되면 좋겠어요. 국내외 사입 제품은 말그대로 발로 뛰면서 하나하나 수집하는 마음으로 구입하고 있습니다. 위탁 판매로 진행하는 작품의 경우 작가님의 매장 입점 문의를 통해 선정하기도 하지만, 그보다는 우리가 전시회나 박람회, 아니면 SNS를 통해 작품을 접한 후 입점을 부탁하는 경우가 더 많습니다."

어느덧 매장을 오픈한 지 6년이 되어가고 있다. 그동안 달라진 것이 있다면 상품 선정 기준이다. 초기에는 집사가 좋아하는 스타일의 상품과, 여기에서만 만나 볼 수 있는 상품을 주로 선정했다. 매장을 운영하면서 배운 것은 오는 분들의 취향이 정말 다양하다는 것이다. 한 사람 한 사람의 선호도를 고려하여 보다 대중적인 스타일의 상품도 주저 없이 선정한다. 한가지, 변함 없이 중요하게 생각하는 것은 〈선유도고양이〉 잡화점에서만 볼 수 있는 상품을 선정하는 것이고 이를 위해 끊임 없이 노력하고 있다.

커다란 회화 작품에서 손톱 만한 소품까지도 어느 것 하나 스쳐 지나갈 수 없는 잡화점. 무궁무진한 이야기들이 가득 차 있지만 복잡하지 않고 조용하며 눈길이 닿는 곳에는 서로 다른 제품 혹은 작품이 보인다.

05 고양이 잡화점

힐링을 선물하는 고양이 잡화점

 집사는 이 잡화점이 다양한 고양이 소품을 만나볼 수 있는 장소이자, 고양이를 사랑하는 이들에게 휴식과 힐링을 선사하는 장소가 되기를 바라고 있다.

"매장을 운영하면서 가장 중요하게 생각하는 점은 힐링이에요. 무엇보다 손님들이 매장에 들어오셨을 때부터 나가실 때까지 천천히 둘러보시면서 힐링하고 가셨으면 합니다. 고양이를 좋아하는 분들뿐 아니라 그렇지 않은 분들도 들어오셔서 고양이에 대한 인식을 조금이나마 바꿀 수 있는 장소가 되면 좋겠습니다. 일부러 찾아오신 것이 아니라 지나가다가 우연히 가게를 발견하고 들어오신 분이 하신 말씀이 생각나요. 한참을 돌아보신 후 '여기 너무 행복한 곳이네요'라고 말씀하셨어요."

잡화점을 운영하는 집사의 마음이 고객에게 전달되는 순간이었을 것이다.

05 고양이 잡화점

집사는 매장을 방문하는 분들께 원하는 스타일의 작품이나 작가에 대해 성심성의껏 설명하고 있다. 미처 방문하기 어려운 분들의 문의에 대해서는 SNS나 홈페이지를 통해 최대한 신속하게 답변하려고 노력한다. 방문한 고객이 이런 노력을 알아줄 때 집사의 보람은 최고가 된다. 뭐 하나 빼먹으면 안 된다는 듯 제품 하나하나 꼼꼼히 보면서 감탄하는 분, 서너 시간이 넘도록 매장에 머무르는 분, 해외에서 찾아오는 분까지 고양이 잡화점 고객들 덕분에 매일매일이 즐겁다. 고양이를 만나면서 완전히 달라진 삶이지만 고양이를 좋아하는 사람들과 함께 소통할 수 있기에 이 가게를 열기 잘했다고 생각하는 잡화점의 집사이다.

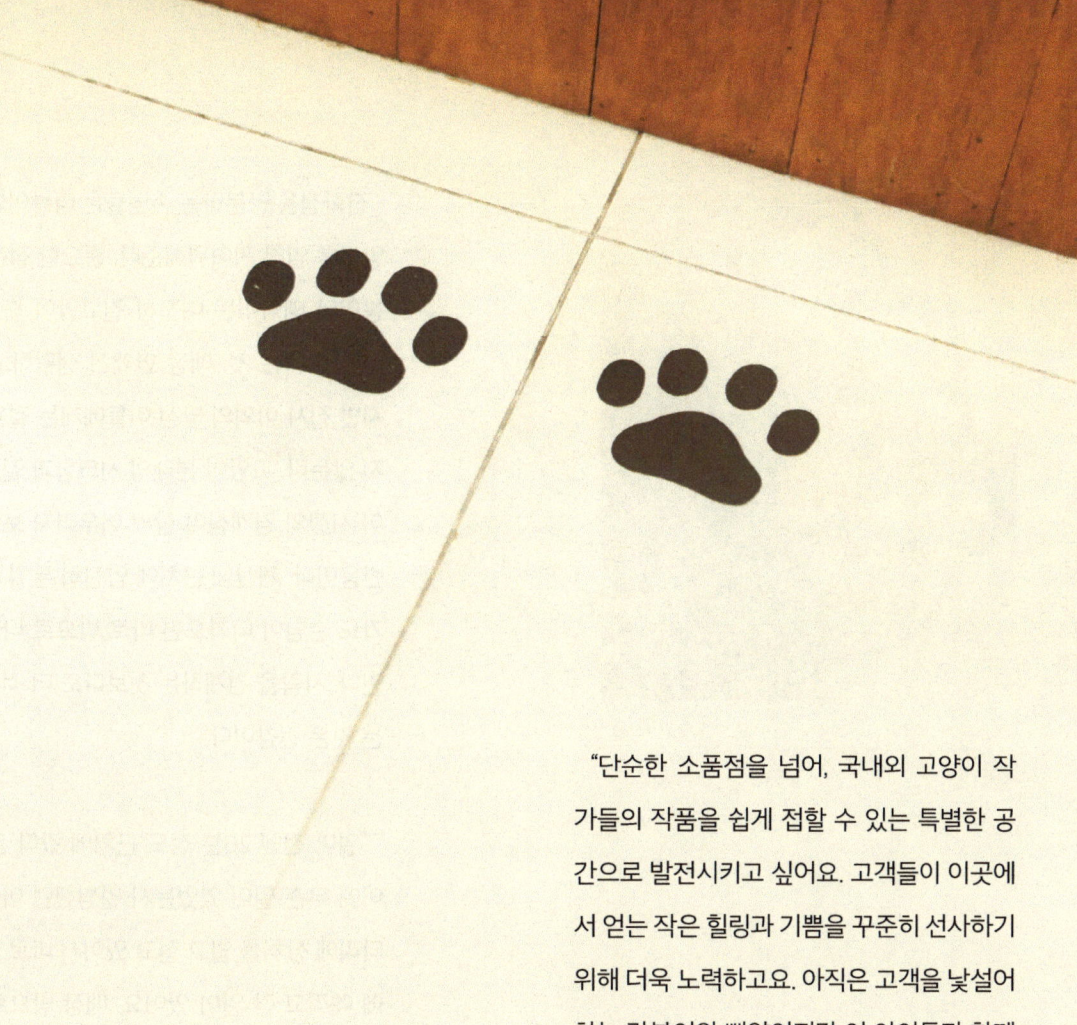

"단순한 소품점을 넘어, 국내외 고양이 작가들의 작품을 쉽게 접할 수 있는 특별한 공간으로 발전시키고 싶어요. 고객들이 이곳에서 얻는 작은 힐링과 기쁨을 꾸준히 선사하기 위해 더욱 노력하고요. 아직은 고객을 낯설어 하는 라봉이와 삐약이지만 이 아이들과 함께 따뜻한 추억을 선사하고 싶어요."

05 고양이 잡화점

길고양이? 가게고양이!

잡화점을 방문하는 손님들은 라봉이와 삐약이를 엄청 귀여워해준다. 중요한 점은 라봉이와 삐약이는 여전히 길고양이 습성이 더 강하다는 것. 매장 안에서 생활하고 있지만 집사 이외의 낯선 이들에게는 곁을 주지 않는다. 고양이 본래의 시크함과 길고양이 시절의 경계심이 함께 어우러져 보이는 반응이다. 계산대 근처에 얌전히 누워 있다가도 손님이 다가오면 바로 밖으로 나가버린다. 사람을 경계하는 것보다도 더 걱정되는 것은 건강이다.

"얼마 전엔 20분 정도 근처에 갔다 온 사이에 무슨 일이 있었는지 멀쩡했던 아이가 다리에 상처를 입고 절고 있어서 바로 병원에 데리고 간 일이 있어요. 매장 밖으로 돌아다니다가 다치지는 않을지, 외부 환경 때문에 병이 나지는 않을지 늘 걱정이죠."

길에서 생활하다가 집사에게 온 아이들이라는 점 때문에 특별히 뭘 해 주기보다는 되도록이면 안정감을 가질 수 있도록 노력하고 있다고 한다. 경계심에 대한 배려를 고려하고 계절에 상관 없이 매장 안에 자유롭게 드나들 수 있도록 매장과 외부가 연결된 통로를 만들었고 라봉이는 그곳 입구에서 낮잠을 즐기기도 한다.

05 고양이 잡화점

라봉이와 삐약이는 이제 길고양이가 아니다. 수많은 고양이 소품과 작품 사이에서 살아 움직이며 그들과 고객과의 소통의 창구가 되어주고 집사의 동료가 되어 잡화점을 지키는 가게 고양이들이다.

이들이 만들어가는 소소하고 신비한 이야기들이 계속되기를 기대한다.

"저는 고양이를 비롯한 모든 동물을 정말 싫어했어요. 우연하게 고양이를 만나 키우게 된 이후로 그제서야 모든 동물들에 대해 호감을 가지게 되었어요. 고양이가 주는 신비스러운 선물이겠지요. 고양이가 내게 소중한 순간이요? 특별히 어느 순간이나 시점이기 보다는 고양이와 함께하는 평범한 일상이 가장 소중한 순간입니다. 평범한 일상 속에서 고양이가 주는 소소한 행복과 공감이 우리에게는 너무나 큰 힘이 되니까요."

묘~상한
고양이들이 사는 곳

〈선유도고양이〉

06 고양이 병원

고양이
병원

"나도
병원은 싫어."

병원 투어를 안내합니다!

동물병원 테크니션 집사를 둔 니니가
소개해주는 고양이 병원.
병원 안에서 어떤 일이 벌어지는지 알아보자.

24paulah

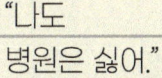

이름 니니
나이 13살
성별 ♂
취미 햇살 드는 곳에서 잠자기
좋아하는 것 참치 캔 통조림

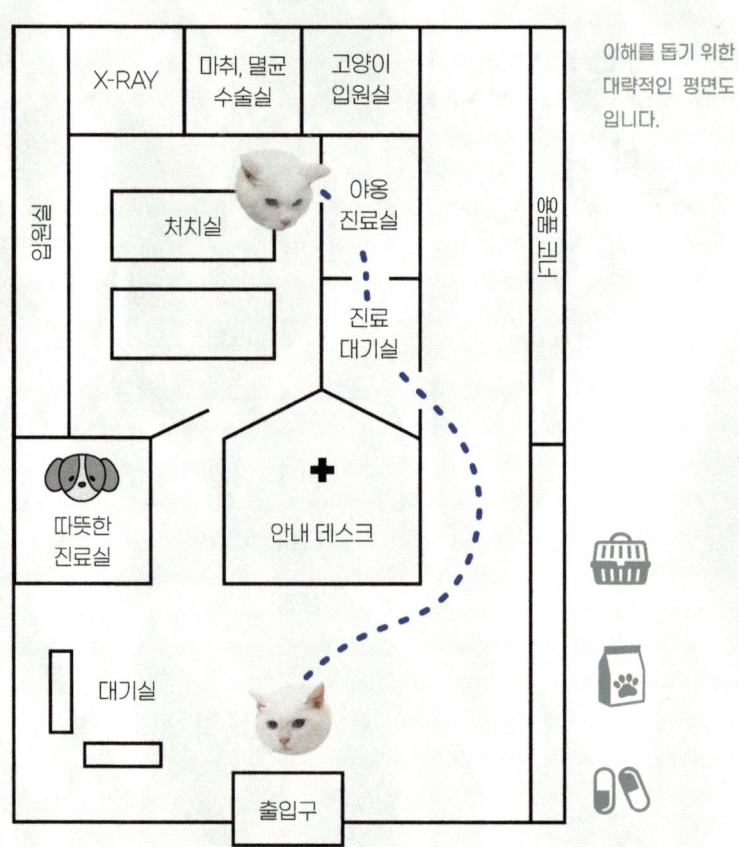

병원에 도착하면 가장 먼저 만나는 것이 냄새다. 맡아보지 못한 여러 가지 냄새들이 난다. 또한, 멍멍, 야옹, 사람들의 소리나 집에서는 듣지 못하는 소리 등 다양하다.

조심스레 이동장 밖으로 나와 둘러본 곳은 대기실. 고양이는 낯선 환경에서 예민해지거나 돌발상황이 생기기 쉽다. 안전을 위해 진료 대기실에는 작은 소파가 있고 조명은 어둡다.

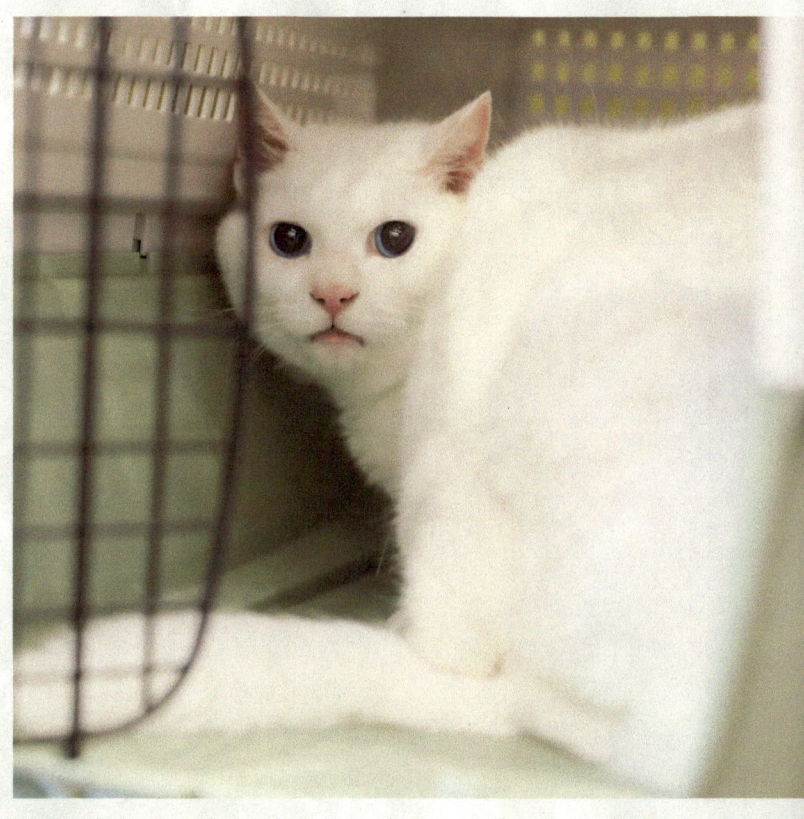

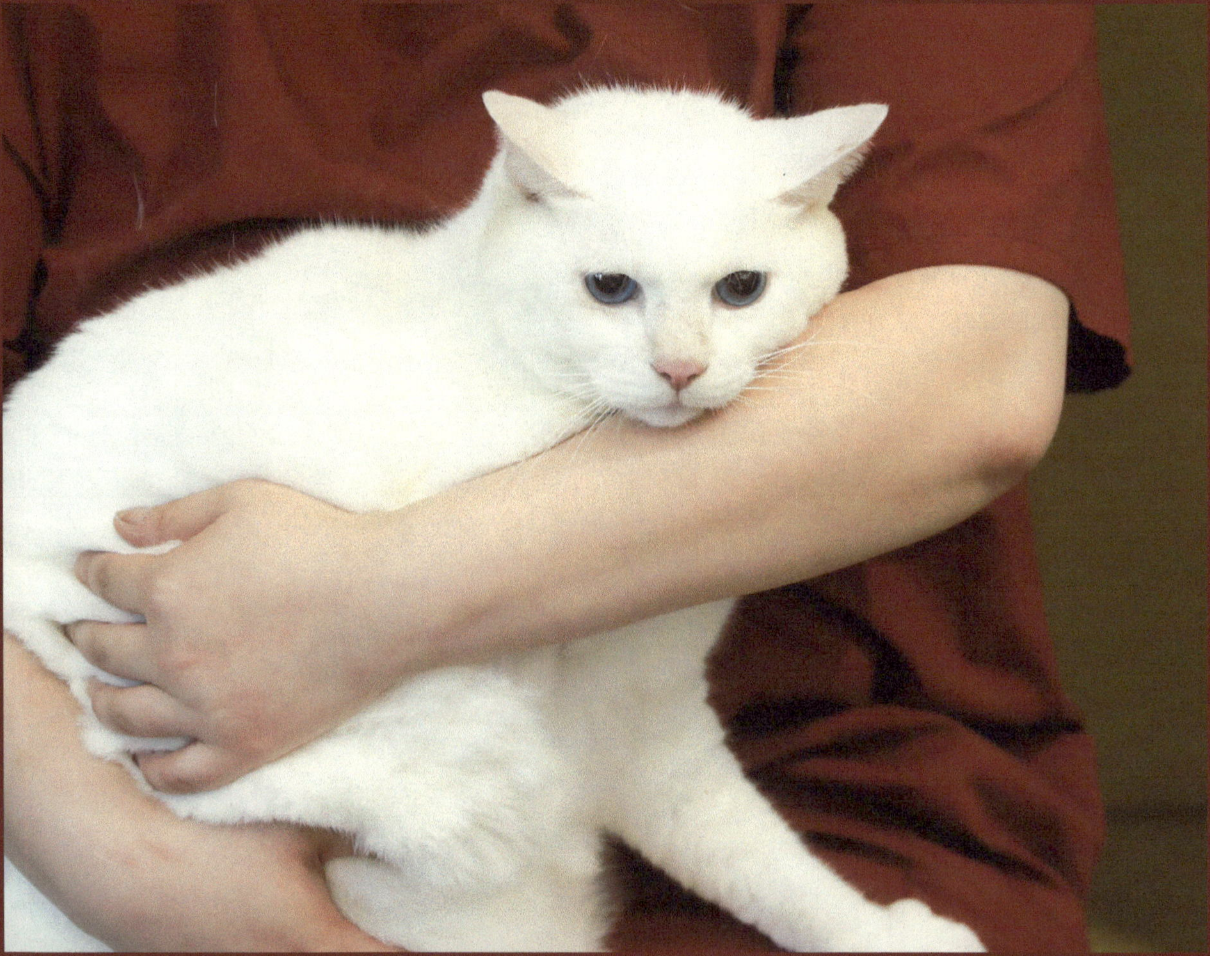

수의사님이 오늘 고양이의 상태는 어떤지, 평소 어떻게 지내는지 물어본다. 밥은 잘 먹는지, 대소변은 잘 보는지, 활력은 어떤지 등등….

　수의사를 돕는 테크니션님은 낮고 부드러운 목소리로 츄르를 좋아하는지 묻고 냄새를 맡게 해준다. 칫솔로 내 머리를 쓰다듬으며 그루밍을 해준다. 고양이 기분이 좋아지는 방법을 잘 아는 것 같다.

　'진료실에 왜 칫솔이 있지?' 라고 궁금할 수 있다.

"칫솔로 고양이의 미간 쪽이나 이마 쪽을 살살 쓰다듬어주면 골골송을 부르는 고양이들도 있고 눈을 살짝 감은 채 가만히 있기도 해요. 칫솔로 쓰다듬어 주는 행위가 고양이에게는 그루밍을 받는 느낌을 줄 수 있어요."

　고양이의 혀는 까끌까끌하게 거칠기 때문에 칫솔이 비슷한 질감으로 이루어져 있어 고양이에게는 그루밍과 비슷하다고 느껴지나 보다.

고양이 진료실에는 p/a스틱, 뿌리는 펠리웨이가 있다. 고양이를 보정할 담요에 펠리웨이를 뿌려 보정*시에 아이가 최대한 진정할 수 있도록 한다. 펠리웨이가 만병통치제는 아니기 때문에 모든 아이들에게 진정효과가 나타나는 것은 아니다. 고양이의 진정을 도와주기 위한 다른 도구들도 준비해 두었다.

p/a스틱은 간식을 자제해야 하는 질병을 가진 고양이도 먹을 수 있는 투약보조제 츄르라고 볼 수 있다. 채혈을 하거나 주사를 맞을 때 옆에서 p/a스틱을 주면 고양이가 맛있게 먹으며 츄르에 집중하고 있는 사이에 의료진은 조심스럽고 빠르게 처치를 진행한다. 고양이가 츄르를 하나 다 먹고 나면 어느새 처치가 끝나 있다.

▲ p/a스틱

▲ 펠리웨이

* 보정: 반려동물이 버둥거려 처치하기 어려운 경우, 몸이나 입이 움직이지 않게 고정하는 것.

06　고양이 병원

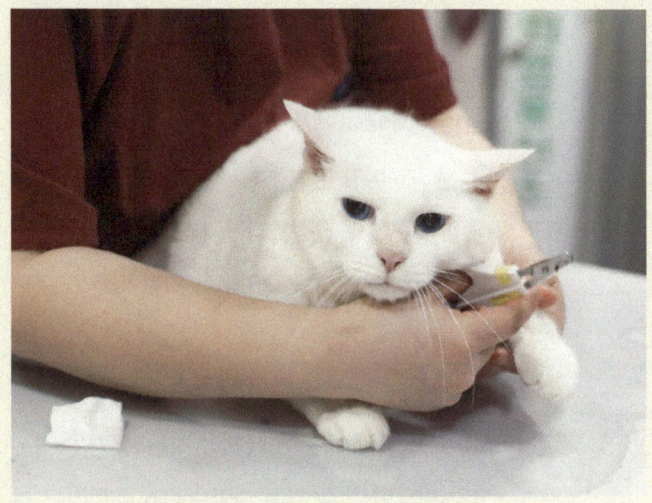

　처치실에는 혈액검사 기계가 있고 초음파실과 엑스레이실이 바로 이어진다. 고양이의 스트레스를 최소화한 이동 동선이다. 검사 시간을 줄이기 위해 처치실에서 검사를 진행하는 경우도 있다.

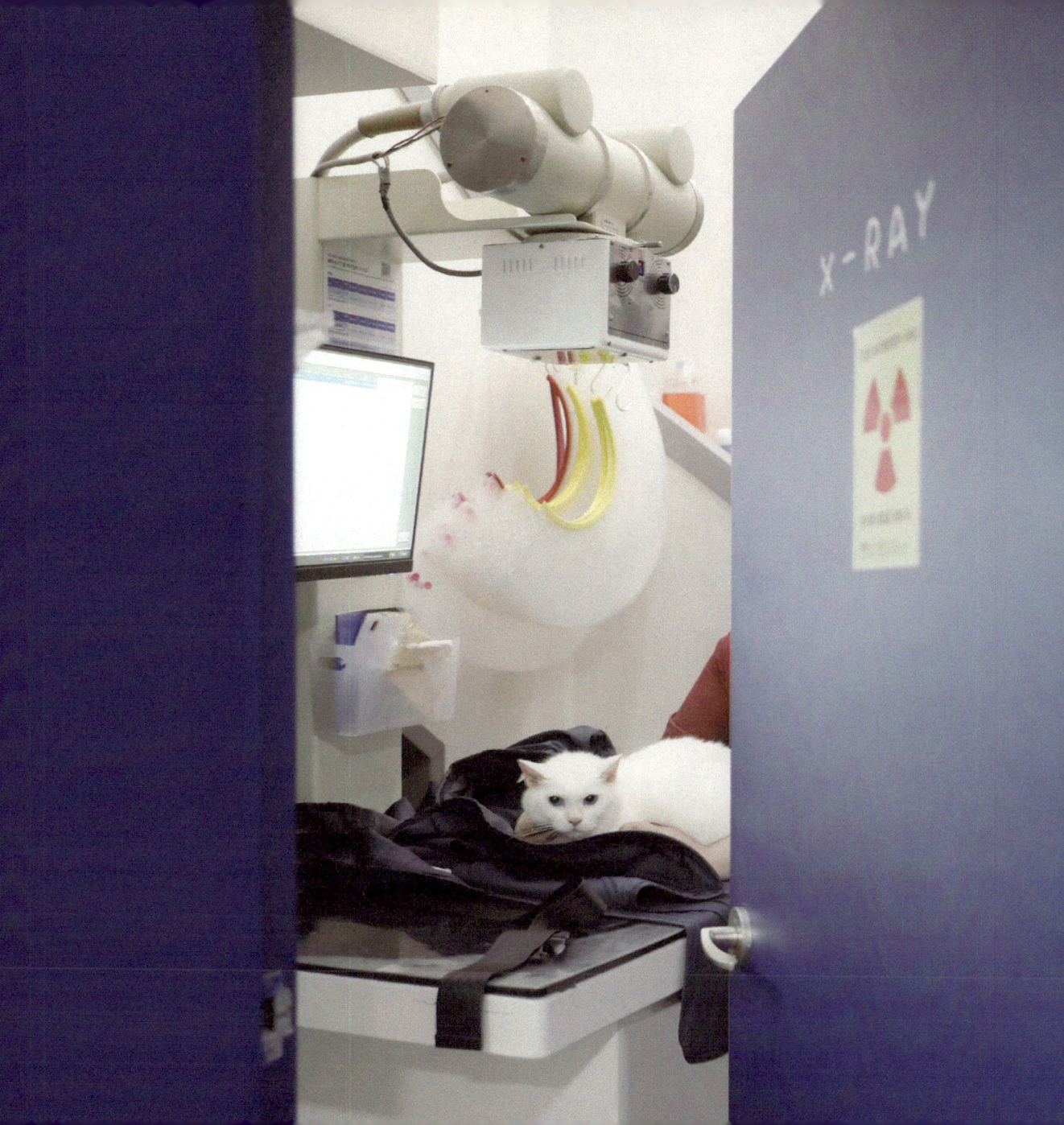

06 고양이 병원

고양이 입원실은 처치실 안쪽에 위치한다. 입원장은 6개뿐이지만 그만큼 입원한 아이에게 집중 케어를 할 수 있다. 중증 환자 고양이가 자주 오는 만큼 입원 고양이가 많아 케어가 분산되는 것보다 한 아이 한 아이 집중 관리하려는 의도이다. 입원실은 개방되어 있지 않고 투명문으로 닫혀 있다. 처치실에서 입원실을 바라볼 수 있어 돌발상황이 생기면 바로 대처할 수 있다. 닫혀 있는 고양이 입원실에는 펠리웨이가 작동하여 입원한 고양이가 안정감을 느낄 수 있게 해주고, 소음을 최소화하여 스트레스를 줄이려고 노력한다.

입원실의 조명은 최대한 어둡게 유지하고 바닥에 열선을 설치하여 적당한 온도 조절을 할 수 있다. 특히 수술이 끝나고 체온이 떨어진 고양이가 정상 체온을 회복하며 마취에서 깰 수 있게 도와준다. 저체온 증상이 나타나는 고양이는 체온 체크를 주기적으로 하면서 열선의 온도를 조절한다.

아파서 병원에 오는 것은 어쩔 수 없다 해도 입원 치료까지 할 만큼 아프지 않고 건강한 고양이로 사는 것이 최선이라는 생각을 잠깐 해 본다.

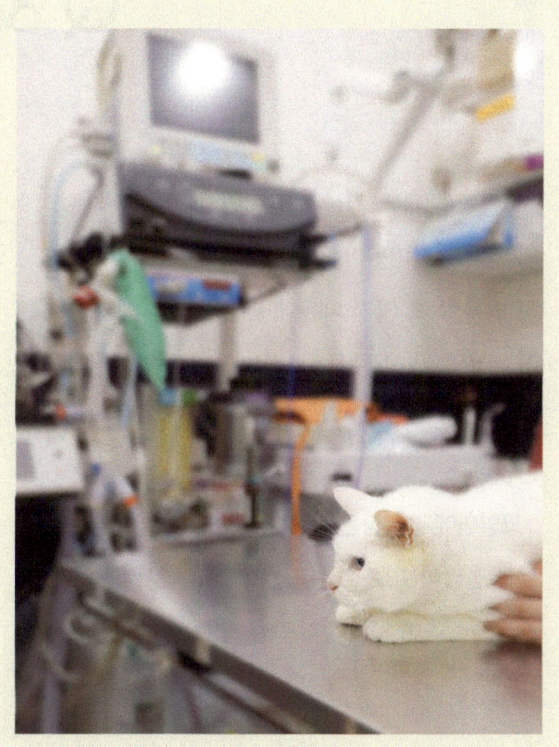

06 고양이 병원

Q & A

고양이의 대표적인 질환은 무엇인가요?

　고양이 내과의 가장 대표적인 질환은 신부전입니다. 신장기능이 떨어지면서 식욕부진이 와서 밥을 먹지 않기 때문에 매일 피하수액과 여러 내복약 및 신장기능 보조제 등을 투약합니다. 입원하는 횟수와 입원 기간이 점점 늘어나는 질환입니다.

　고양이에게 신장은 가장 중요한 장기입니다. 보통은 신장이 70프로 정도 손상되고 나서야 증상이 나타나기 때문에 그 이후에 병원에 내원하게 되면 회복하기가 힘듭니다. 고양이 내과 사망률 1위로 신부전을 뽑는 수의사도 많습니다. 매년 건강검진, 특히 조기신부전 진단 검사로 신장기능을 모니터링하고 평가하는 게 중요합니다.

　방광염은 재발률이 가장 높은 질환 중 하나입니다. 완치라는 말이 무색한 질병이지요. 원인은 여러 가지이지만 급격한 환경 변화나 스트레스로 인해 발병합니다. 고양이가 소변을 잘 보지 못하고 이곳 저곳에 방울방울 소변을 보는 증상이 나타납니다. 병원 치료를 받고 완치되었다 해도 꾸준히 관리를 해야만 합니다. 관리가 소홀하면 다시 재발해서 내원하는 경우가 많습니다.

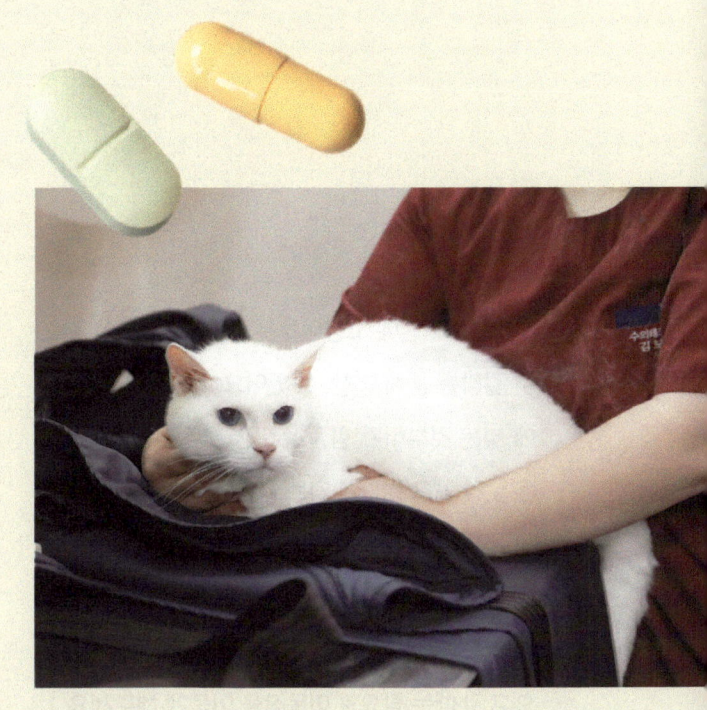

외과는 보통 이물제거 수술인 장 또는 위 절개 수술이 많습니다. 고양이들은 끈이나 바스락거리는 비닐을 좋아하기 때문에 가지고 놀다가 삼키게 되는 경우가 많아요. 실제로 고양이가 장난감을 먹어서 어떻게 해야 하는지에 대한 문의 전화도 자주 받습니다. 고양이는 구토 유발을 진행해도 잘 되지 않는 경우가 있어, 내시경을 합니다. 내시경으로 안되는 경우에는 위나 장을 절개해서 이물을 제거하게 되지요. 고양이가 최대한 이물을 안 먹게 하고, 이물을 먹었을 경우에는 빠르게 동물병원에 내원해야 합니다.

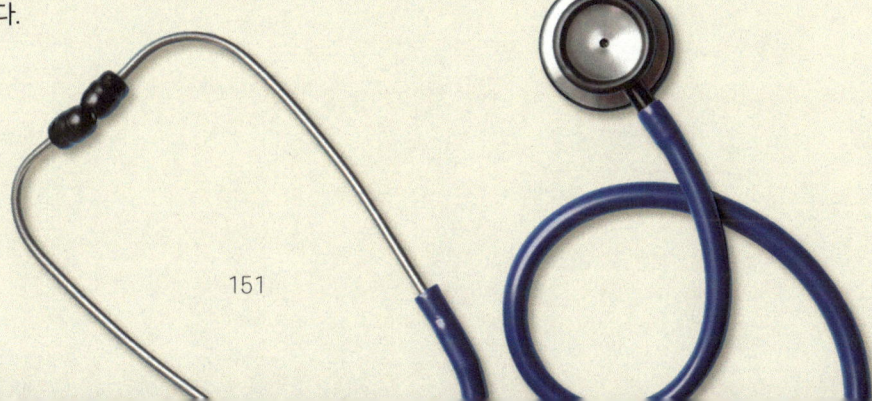

06 고양이 병원

내원하기 전 주의할 점은 무엇인가요?

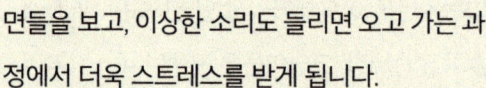

   내원하기 전에 고양이들은 이미 낯선 곳에 갈 것 같다는 눈치를 챌 수 있어요. 집에서 이동장에 넣는 것부터가 힘들 수 있죠. 때문에 이동장은 낯선 곳으로 가게 되는 물건이라는 인식을 바꿔주어야 합니다. 이동장을 항상 열어 두어서 고양이가 놀다가 숨거나 안에서 자기도 하는 장소로 익숙하게 만들어 주는 것이 좋습니다. 병원에 오고 갈 때는 담요로 이동장을 어둡게 해주세요. 이동장의 구멍으로 사람과 차가 지나다니는 장면들을 보고, 이상한 소리도 들리면 오고 가는 과정에서 더욱 스트레스를 받게 됩니다.

   그래도 예민한 고양이들은 병원에서 진정제를 처방받아 투약하는 것을 추천합니다. 진정제 투약이 문제가 있지 않을까 걱정이 있을 수도 있지만, 진정제를 투약하고 내원하는 게 고양이 입장에서는 스트레스를 훨씬 덜 받게 됩니다. 고양이는 스트레스에 취약한 만큼 오히려 병원에 다녀와서 스트레스로 안 하던 행동을 하거나 기력이 저하되는 증상이 나타날 수 있습니다.

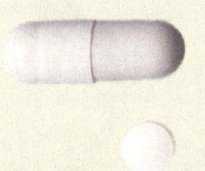

병원은 얼마나 자주 가야 하나요?

 한 달에 한 번씩 사상충 예방을 위해 내원하라고 추천합니다. 요즘은 1년 365일 모기가 있고, 대부분 고양이 사상충 예방약의 효과는 한 달 정도 지속되기 때문에 달에 한번 병원에 내원해서 사상충 예방도 진행하고, 발톱 정리도 하고, 기본적인 검진을 받은 후 보상으로 츄르도 주면 병원도 익숙한 공간이 될 수 있습니다. 🐾

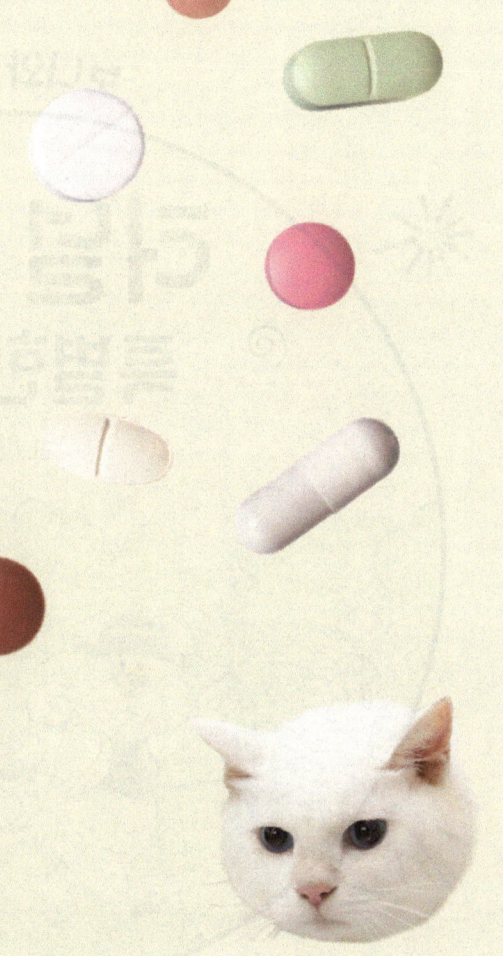

BONICO WORLD

이번엔 조금 다른 세상에 사는 '그 고양이'를 만나볼까 한다.

강아지 오빠 '보니'와 살고 있는 고양이 '코코'.

때로는 다정하게, 때로는 아웅다웅하며 지내는 보니와 코코가 모두 좋아하는 놀이는 코스프레. 특히 영화 〈레옹〉의 레옹과 마틸다로 코스프레를 하며 조그만 화분과 인형을 들고 놀기를 좋아한다.

둘의 의기투합은 터널 하우스로 모험을 떠나는 순간이 가장 특별하다. 코코는 터널에 들어가면 생겨나는 일을 신나게 말해 주는데, 그 이야기를 다 이해할 수 없다. 결국 찐빵도 함께 그곳으로 가보기로 한다.

눈으로 보기에는 한쪽으로 들어가서 다른 쪽으로 나오는 놀이인가 싶은 터널 하우스. 그 곳을 통과하면 집사도 모르는 비밀스러운 세상이 열린다고 코코가 말한다.

터널 하우스
〈보니코 월드〉로 갈 수 있다.

몸을 살짝 웅크려 터널을 통과하는 코코를 따라갔다. 밖에서 볼 때와 다르게 터널을 통과하는 시간이 조금 길게 느껴지고 환한 조명은 어느새 점점 어둡게 변했다. 순간 갑자기 환해지면서 넓은 장소가 나타났다. 분명 밖에서는 작은 집이었는데….

도착한 곳은 끝없이 펼쳐진 편백나무 숲! 놀라서 눈을 휘둥그레 뜨며 주변을 살피니 코코가 손을 잡아 끌었다. 텐트도 치고 불도 피우며 본격적인 캠핑 준비를 마치고, 편백 숲길 트레킹을 하자고 말했다. 보니가 말없이 스틱을 하나 내밀었다. 숲길을 가다가 만나게 될 다양한 것들을 감지하기 위해 고양이의 오감뿐 아니라 스틱의 감각에 익숙해져 보라고 했다.

둘과 함께 신나게 산책하고 캠핑을 즐겼다. 새로운 것 모으는 것을 좋아하는 보니는 숲에 떨어진 편백나무 조각들을 모으고, 케이팝을 좋아하는 코코는 유명 아이돌의 노래를 가사 하나 틀리지 않고 잘도 불렀다. '이런 세계가 집 안에 있으니 보니와 코코가 매일 즐겁고 행복하게 지낼 수 있겠구나' 라는 생각을 하는 순간 밖으로 튕겨져 나왔다. 코코에게 붙잡힌 채로 터널 하우스 밖에 뒹굴고 있는 것이 아닌가. 온 몸에 편백나무 조각과 마른 잎 가루가 잔뜩 묻어 있었다.

"집사가 오기 전에 보니코 월드에서 나와야 해."
"그곳에서 놀 수 있는 것은 집이 비었을 때만 가능해. 집사가 곧 돌아올 거야."

시간은 제한되어 있지만 그곳에서 수집한 물건은 집으로 가지고 올 수 있다고 했다. 편백나무 숲에서 가져온 나무 조각은 집사의 상자 안에 몰래 넣어 놓았다. 왠지 집 안 가득 편백 향이 나는 것 같다. 어딘가 모르게 바뀐 변화를 집사는 눈치챌 수 있을까?

보니와 코코네 집에 더 머물면서 또 다른 보니코 월드를 구경하기로 했다. 집사가 출근하기를 기다렸다가 또 한번 터널을 통과했다. 이번에 나온 곳은 미국 와이오밍 광산이었다. 자연스럽게 카우보이 복장으로 광산 이곳저곳을 구경했다. 코코는 어딘가에서 모래를 잔뜩 묻히고 나타났다. 보니가 킁킁 냄새를 맡더니 벤토나이트 모래라고 설명했다. 코코는 아주 좋은 곳에 쓸모가 있을 거라며 주머니에 모래를 가득 담았다. 우리는 또 그대로 현실로 돌아와 집사의 상자에 모래를 넣어두었다.

세 번째로 간 곳은 스리랑카 웰리가마 해변으로 보니코 월드가 펼쳐졌다. 수영복 코스프레를 하고 모래성 놀이로 정신이 팔려서 자칫 잡사가 오는 것을 깜빡 할 뻔 했다. 서핑보드와 모래놀이 세트를 기념으로 들고 왔다. 여러 번 가서 여러 개의 아이템을 들고 오면 다른 고양이에게도 나눠 줄 수 있지 않을까?

그렇지만 보니코 월드는 랜덤이다. 보니와 코코가 원하는 곳으로 가는 것이 아니다. 어디로 갈지 모르고 터널 하우스에 들어가면 다양한 장소로 데려다 준다. 들고 오는 물건들도 다양할 수밖에 없다.

다음은 또 어디에서 무엇을 가져올까?
기대하시라. 🐾

닫는 글

냥포터 찐빵의 첫 번째 여행이 끝났다. 긴 여정 속 만났던 망고부터 리태, 씩이와 더기, 여름이, 살구와 체리, 라봉이와 삐약이. 니니 그리고 코코까지.

호기심 가득한 표정으로 가구 뒤에 숨어서 쳐다보던 표정, 책장 위에서 모르쇠인척 하면서도 예민한 촉을 세우고 있던 모습, 주변 상황은 나몰라라 하면서 둘이서만 꽁냥거리던 커플 고양이, 경계심이 많아 제 모습을 절대 보여주지 않았던 고양이, 화분 사이를 오가며 자연을 즐기던 모습, 경계심 없이 애교로 다가오던 친구…. 여전히 눈에 선하다.

고양이 사랑이 넘쳐나는 집사들의 한결같은 모습은 감동이었고 고양이가 살만한 세상을 만드는 그들에게 고마운 마음도 듬뿍 보낸다. 각자의 영역에서 최선을 다해 살아가는 그 고양이와 집사를 만나는 여정은 계속될 것이다.

다음 여정에서 만날 고양이는 누구일까? 궁금한 여러분도 동행하기를 권한다. 지금까지 찐빵 기자의 세상의 '그 고양이'를 만나는 여정을 함께 해주신 모든 분들께 감사를 전하며 다음을 향해 GO!

03. 고양이 전문 미용사도 그냥 집사 (74)

고양이 미용실

서울 서초구 남부순환로 337길 36
정신빌딩 4층 스루밍아카데미
02-588-5205

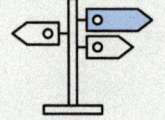

04. 카페에 모인 사연 많은 고양이들 (96)

고양이 카페

서울 강남구 봉은사로4길 32 3층
집사의 하루 강남점
02-555-7984

05. 신비한 고양이 잡화점   (114)

고양이 잡화점

서울 영등포구 양평로22라길 1 104동 104호
선유도고양이
0507-1327-4606

06. 고양이 병원   (138)

고양이 병원

경기 성남시 분당구 성남대로 385 102호
24시 폴동물병원
031-717-7558

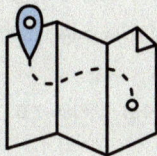

매거진 그냥

1판 1쇄 발행일 2024년 12월 11일

펴낸이 성영남 | **펴낸곳** (주)교육다움
기획 스튜디오 그냥 | **총괄 진행** 정송암
글 이소영 | **편집·디자인** 김보령
등록 2017년 4월 24일 (제2017-000089 호)
주소 서울시 서초구 신반포로 311 신영빌딩 2층
전화 02-542-8836 | **팩스** 02-546-4977
이메일 edudwcontent@gmail.com
홈페이지 www.jongromschool.co.kr | **인스타그램** @edu_daum

ISBN 979-11-979986-7-6

· 책값은 뒤표지에 표기되어 있습니다.
· 잘못된 책은 구입하신 곳에서 바꿔 드립니다.
· 이 책의 전부 또는 일부 내용을 재사용하려면 반드시 저작권자의 사전 동의를 받아야 합니다.